Leichte Küche

FÜR DIABETIKER

Leichte Küche
für Diabetiker

Fotos Simon Smith

Food-Styling Sally Mansfield

Dorling Kindersley

Dorling Kindersley

Redaktion Janice Anderson
Bildbetreuung Toni Kay
Cheflektorat Krystyna Mayer
Art Director Carole Ash
DTP Designer Conrad van Dyk
Herstellung Joanna Bull

Text Seite 9–27 Lyndel Costain
Rezepte Louise Tyler

Die Deutsche Bibliothek – CIP Einheitsaufnahme

Ein Titeldatensatz für diese Publikation ist bei
Der Deutschen Bibliothek erhältlich.

Titel der englischen Originalausgabe:
Diabetes Cookbook

Übersetzung Barbara Holle
Redaktion Redaktionsbüro Maryna Zimdars, München
Satz Buchhaus Robert Gigler GmbH, München

ISBN 3-8310-0097-2

Bei den Rezepten bitte beachten:
Falls nicht anders angegeben, handelt es sich immer um gestrichene Löffel (1 Teelöffel = 5 ml, 1 Esslöffel = 15 ml). Eier sind mittelgroß. Die Backzeiten sind nur eine Empfehlung, da jeder Backofen anders ist. Bei Umluft- und Gasherden die Temperaturen gemäß den Herstelleranweisungen einstellen.

Besuchen Sie uns im Internet
www.dk.com

Inhalt

Einführung

Die Ernährung spielt eine wesentliche Rolle, um einerseits den Diabetes in den Griff zu bekommen und andererseits das Risiko zu minimieren, Folgeerkrankungen zu erleiden. Das vorliegende Buch ist nicht nur ein praktisches Kochbuch, sondern auch ein umfassender Ratgeber zum Thema Ernährung und Diabetes. Die mehr als 100 zeitgemäßen Rezepte basieren durchweg auf den aktuellen Ernährungsempfehlungen für Diabetiker. Die Rezepte der fett-, salz- und zuckerarmen Gerichte basieren hauptsächlich auf stärkehaltigen Grundnahrungsmitteln. Daneben spielen bei einer diabetesgerechten Kost aber auch Obst und Gemüse sowie die richtigen Fette eine wichtige Rolle. Die Nährwertangaben bei jedem Rezept entsprechen den Angaben auf den Etiketten der Nahrungsmittel und helfen Ihnen bei der Zusammenstellung einer gesunden ausgewogenen Diabeteskost.

Die diabetesgerechte Kost

Eine Standardkost, die für jeden Diabetiker geeignet wäre, gibt es nicht, denn die Bedürfnisse des Einzelnen hängen von vielen Faktoren ab, so zum Beispiel vom Alter, Körperbau, Gewicht und Lebensstil, zu dem unter anderem auch die körperliche Aktivität zählt. Deshalb können die Anforderungen an eine diabetesgerechte Ernährung unter Umständen von Diabetiker zu Diabetiker sehr unterschiedlich sein. Hat Ihr Arzt bei Ihnen gerade erst einen Diabetes festgestellt, sollten Sie sich von ihm ausführlich informieren und von einer qualifizierten Diätassistentin im Hinblick auf eine richtige Ernährung beraten lassen.

Unabhängig davon, an welchem Diabetestyp Sie leiden, können die richtige Auswahl der Nahrungsmittel und vernünftige Essgewohnheiten dazu beitragen, sowohl den Blutzuckerspiegel als auch das Gewicht, die Blutfettwerte (insbesondere die Cholesterin- und Triglyceridwerte) und auch andere wichtige Aspekte im Umgang mit der Krankheit in den Griff zu bekommen. Ihre Diabeteskost wird sich im Laufe der Zeit verändern, vor allem bei den Diabetikern, deren Diabetes bereits seit der Kindheit besteht (es handelt sich meist um einen Typ-1-Diabetes), also zu einer Zeit auftrat, in der noch das Wachstum im Vordergrund stand und die Ernährung laufend der Entwicklung angepasst werden musste. Da viele Menschen mit einem Typ-2-Diabetes, dem am weitesten verbreiteten Diabetestyp, zudem übergewichtig sind, steht bei diesen Menschen das Abnehmen an erster Stelle der Behandlung. Gleichgültig, zu welchem Diabetestyp Sie gehören, Ziel der Ernährungsempfehlung ist es, Ihnen das Leben zu erleichtern. Die Ernährung sollte unter Anleitung einer qualifizierten Diätassistentin schrittweise Ihren Bedürfnissen entsprechend umgestellt werden, damit Sie die Diabeteskost langfristig beibehalten können.

Geniessen trotz Diabetes

Auch wenn Diabetiker, besonders die übergewichtigen Diabetiker, versuchen sollten auf sehr fett- und zuckerhaltige Nahrungsmittel und Gerichte zu verzichten, ist eine ausgewogene und abwechslungsreiche Ernährung möglich. Denken Sie daran, dass es nicht nur einen Weg zur diabetesgerechten Ernährung gibt. Versuchen Sie, Ihre Essgewohnheiten und die Auswahl Ihrer Nahrungsmittel und Gerichte so zu verändern, dass Sie die Umstellung langfristig durchhalten und dadurch besser mit Ihrem Diabetes umgehen können.

Die Probleme erkennen

Um sich diabetesgerecht zu ernähren, sollten Sie sich zunächst mit den ernährungswissenschaftlichen Grundlagen der Ernährung vertraut machen. Überlegen Sie sich, welche Änderungsmaßnahmen notwendig sind, damit Sie Ihre Ernährung mit den in diesem Buch vorgestellten Empfehlungen in Einklang bringen können. Im ersten Teil des Buches wird das Wichtigste zum Thema Diabetes und Ernährung leicht verständlich beschrieben. Sie erfahren, was Diabetes ist und wie Sie ihn kontrollieren können, dabei wurde ein besonderer Schwerpunkt auf die Gewichtskontrolle gelegt. Darüber hinaus finden Sie ausführliche Informationen über empfehlenswerte Nahrungsmittel und bekommen Tipps zum Einkauf und zur richtigen Zubereitung. Sie erfahren, wie Sie Mahlzeiten am besten planen und Speisen auswählen, wenn Sie auswärts essen müssen. Sie werden sehen, dass Sie bei diesem Angebot eine gesunde und abwechslungsreiche Diabeteskost genießen können.

DIABETES & ERNÄHRUNG

DIE EINHALTUNG EINER *diabetesgerechten Kost* IST FÜR DIABETIKER GERADEZU LEBENSNOTWENDIG. AUF DEN *folgenden Seiten* ERFAHREN SIE, *wie eine Diabeteskost* AUSSEHEN SOLLTE. DARÜBER HINAUS SOLL IHNEN DIESES BUCH DABEI HELFEN, IHRE *Ernährung sinnvoll* UND *langfristig* UMZUSTELLEN.

LINKS: NUDELSALAT MIT KRÄUTERDRESSING (*siehe Seite 81*)

Was ist Diabetes?

BEI DIABETES BEFINDET SICH ZU VIEL GLUCOSE IM BLUT. DIES WIRD DURCH EINEN INSULINMANGEL ODER DURCH PROBLEME BEI DER VERWERTUNG DES INSULINS, DAS IN DER BAUCHSPEICHELDRÜSE PRODUZIERT WIRD, VERURSACHT. DAS INSULIN GLEICHT DEN BLUTGLUCOSESPIEGEL AUS UND BEWIRKT, DASS DIE BLUTGLUCOSE IN DIE ZELLEN GELANGT UND DIESE MIT ENERGIE VERSORGT.

DIE HAUPTSYMPTOME DES DIABETES

- Durst und Mundtrockenheit
- häufiges Wasserlassen (insbesondere nachts)
- Müdigkeit
- Gewichtsverlust
- Juckreiz im Genitalbereich
- Sehstörungen

DIABETESFÄLLE WELTWEIT

Diabetes ist weltweit im Steigen begriffen. Gegenwärtig leiden 2,1 Prozent der Weltbevölkerung, das sind 124 Millionen Menschen, an Diabetes.
Nach Schätzungen wird sich ihre Zahl bis zum Jahr 2010 auf 3 Prozent (221 Millionen Menschen) erhöhen. In Asien und Afrika könnte sich die Zahl der Erkrankungen bis 2010 verdoppeln bis verdreifachen.

Insulin und Glucose

Können die Zellen die Glucose nicht richtig aufnehmen, bleibt zu viel Glucose im Blut, und der Körper wird nicht ausreichend mit Energie versorgt. Die Leber produziert Glucose und gibt sie ans Blut ab. Blutglucose entsteht jedoch hauptsächlich bei der Verdauung kohlenhydratreicher Nahrungsmittel wie Kartoffeln, Brot, Nudeln und zuckerhaltige Speisen und Getränke. Produziert der Körper nach den Mahlzeiten nicht genug Insulin, steigt die Blutglucose an. Hohe Blutglucosespiegel führen zu Müdigkeit, Durst und häufigem Wasserlassen. Gelegentlich kommt es auch zu Juckreiz im Genitalbereich und zu Sehstörungen, typische Zeichen der unbehandelten Diabetes (*siehe Kasten links oben*).

DIE BEIDEN HAUPTFORMEN DES DIABETES

Typ 1 (insulinabhängig) entsteht, wenn der Körper nur wenig oder gar kein Insulin produziert. Der Typ-1-Diabetes betrifft meist Menschen unter 40 Jahren. Behandelt wird er mit Insulininjektionen und einer gesunden, diabetesgerechten Kost, die auf regelmäßigen Mahlzeiten basiert.

Typ 2 (nicht insulinabhängig) ist die häufigste Form. Sie entsteht, wenn der Körper Insulin nicht mehr in ausreichenden Mengen produziert oder das Insulin nicht mehr richtig wirkt. Davon betroffen sind vor allem Menschen ab dem vierzigsten Lebensjahr. Behandelt wird diese Form mit einer Diäbeteskost oder mit einer Kombination aus einer diäbetesgerechten Kost und Tabletten oder Insulininjektionen.

Diabetes weltweit

Diabetes ist weit verbreitet. In Deutschland sind etwa 5 Prozent der Bevölkerung betroffen. Nach Schätzungen kommt auf jeden entdeckten Diabetiker ein weiterer, der nicht erkannt wurde und deshalb unbehandelt ist. Der Typ-2-Diabetes tritt wesentlich häufiger auf als der Typ-1-Diabetes.

Die Ursachen des Diabetes

Dem Diabetes liegt nicht nur eine Ursache zu Grunde. Vielmehr wird er vermutlich durch das Zusammenspiel von genetischer Veranlagung und Umweltfaktoren ausgelöst. Auch die Frage, warum die Bauchspeicheldrüse aufhört Insulin zu produzieren, konnte noch nicht geklärt werden. Möglicherweise werden die insulinproduzierenden Zellen der Bauchspeicheldrüse durch ein Virus oder das körpereigene Immunsystem zerstört. Der Typ-2-Diabetes tritt außerdem häufig bei Übergewichtigen auf.

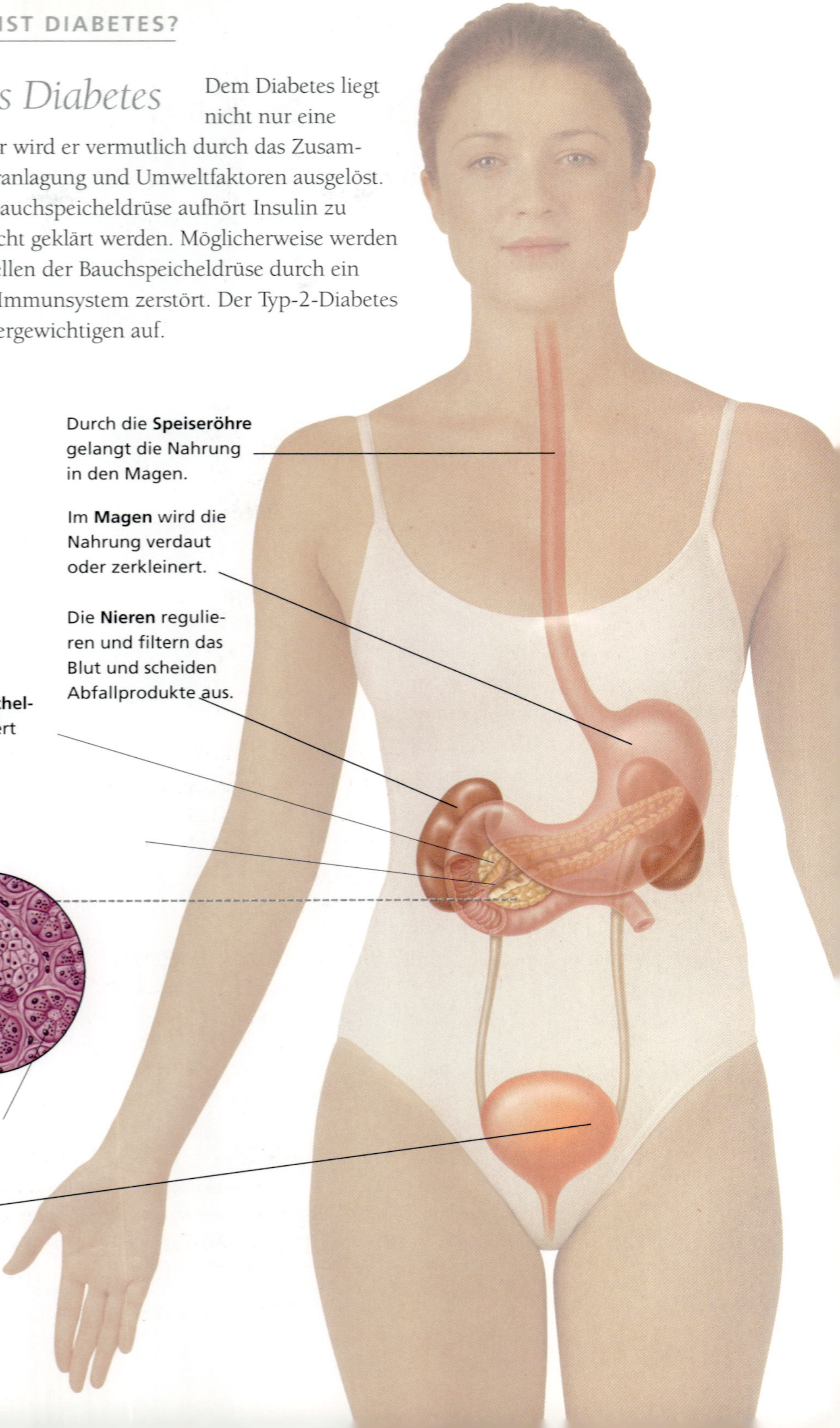

DIE BETEILIGTEN ORGANE

Einige Organe wirken bei der Umwandlung der aus der Nahrung gewonnenen oder von der Leber produzierten Glucose in Energie mit. Bricht das System zusammen, kann ein Diabetes die Folge sein.

Durch die **Speiseröhre** gelangt die Nahrung in den Magen.

Im **Magen** wird die Nahrung verdaut oder zerkleinert.

Die **Nieren** regulieren und filtern das Blut und scheiden Abfallprodukte aus.

Die **Bauchspeicheldrüse** produziert Insulin.

PANKREASZELLEN

unter dem Mikroskop gesehen

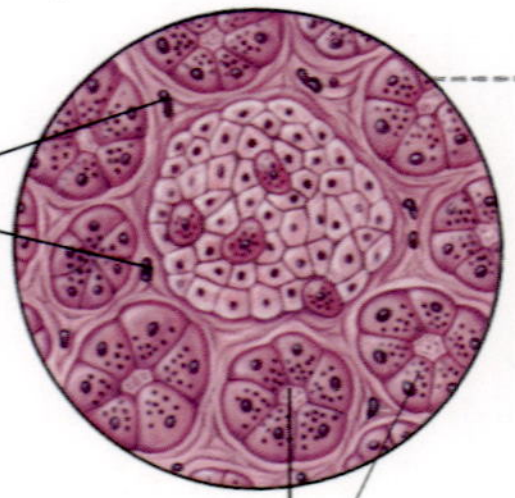

Langerhanssche Inseln mit B-Zellen, die das Insulin ins Blut abgeben.

Zellen, die das Pankreassekret erzeugen.

Die **Blase** befindet sich am Ende der Harnwege; überschüssige Glucose gelangt in den Urin und verursacht häufiges Wasserlassen.

Den Diabetes kontrollieren

DAS ZIEL BEI DER BEHANDLUNG DES DIABETES IST ES, DEN BLUTGLUCOSESPIEGEL SO AUSZUGLEICHEN, DASS DAS RISIKO FOLGEERKRANKUNGEN WIE AUGEN- UND NIERENERKRANKUNGEN, HERZ-KREISLAUF-ERKRANKUNGEN UND SCHÄDIGUNGEN DES NERVENSYSTEMS ZU ERLEIDEN, MINIMIERT WIRD.

Check-ups

Regelmäßige Untersuchungen sind unerlässlich, zumal Ihr Arzt dabei auch eventuelle Folgeerscheinungen feststellen kann, zum Beispiel erhöhte Cholesterinwerte (bei Diabetikern ist das Risiko Herz-Kreislauf-Erkrankungen zu bekommen viermal so hoch wie bei Nichtdiabetikern) oder hohe Triglyzeridwerte (ein anderer Blutfetttyp, der bei der Entstehung von Herz-Kreislauf-Erkrankungen eine Rolle spielt), Bluthochdruck, grauen Star oder Nervenschädigungen. Darüber hinaus wird Sie Ihr Arzt dabei unterstützen, Ihren Diabetes in den Griff zu bekommen, auch etwa indem er Sie an weitere Spezialisten und auch an eine qualifizierte Diätassistentin verweist.

Gewichtskontrolle

Sie ist ein wesentlicher Bestandteil der Diabetesbehandlung. Anhand nebenstehender Tabelle können Sie ermitteln, in welchem Bereich Ihr Gewicht liegt. Wenn sich zeigt, dass Sie abnehmen müssen, sollten Sie dies in kleinen Schritten tun und im Monat nur 1 bis 1,5 kg an Gewicht verlieren. Führen Sie Buch darüber, was Sie essen. So erfahren Sie mehr über Ihre Ernährungsgewohnheiten und können sie Schritt für Schritt umstellen.

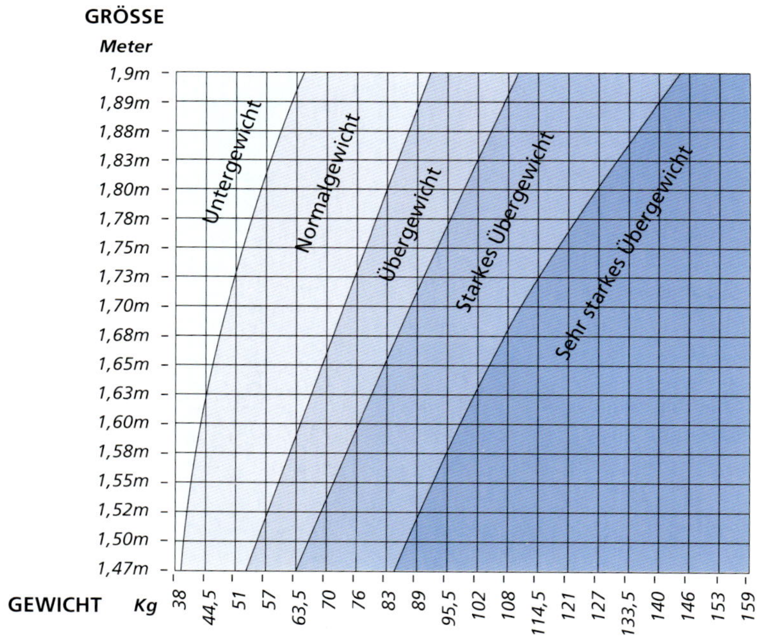

DER BODY-MASS-INDEX

Er ist auf Männer und Frauen anwendbar. Um Ihr Gewicht zu ermitteln, ziehen Sie von Ihrer Größe (ohne Schuhe) eine horizontale Linie und von Ihrem Gewicht (ohne Kleider) eine vertikale Linie und markieren den Schnittpunkt der beiden Linien.

ERLÄUTERUNGEN

Untergewicht Sie müssen vermutlich mehr essen. Achten Sie dabei auf ausgewogene Mahlzeiten.

Normalgewicht Sie nehmen die richtigen Nahrungsmengen zu sich. Achten Sie aber auf Ausgewogenheit.

Übergewicht Sie sollten versuchen, abzunehmen.

Starkes Übergewicht Nehmen Sie ab.

Sehr starkes Übergewicht Sie müssen dringend abnehmen. Lassen Sie sich von einer qualifizierten Diätassistentin beraten.

Risiken minimieren

Mit einer ausgewogenen Diabeteskost, eventuell kombiniert mit Insulininjektionen oder Tabletten, lässt sich das Risiko für mögliche Komplikationen vermindern. Sie sollten versuchen:

- **Ihr Gewicht zu reduzieren und auch zu halten,** denn mit einem wünschenswerten Gewicht kann Ihr Körper das Insulin besser verwerten.

- **täglich körperlich aktiv zu sein**. Jede Aktivität ist nützlich. Gehen Sie fünfmal pro Woche etwa 30 Minuten spazieren, zum Schwimmen oder Tanzen, fahren Sie Rad oder arbeiten Sie im Garten.

- **das Rauchen aufzugeben.** Rauchen erhöht das Risiko für Lungenkrebs. Außerdem steigt die Gefahr von Herz-Kreislauf-Erkrankungen und Schlaganfällen. Schließlich kann Rauchen die Entstehung von Osteoporose fördern.

- **Alkohol mäßig zu trinken,** das heißt, die empfohlenen Höchstmengen nicht zu überschreiten. Trinken Sie Alkoholisches nie auf nüchternen Magen, da Alkohol ohne Nahrung eine Hypoglykämie auslösen kann.

- **sich zu entspannen**, besonders, wenn Sie gestresst sind.

HYPOGLYKÄMIE

HYPOGLYKÄMIE ODER HYPO IST DER MEDIZINISCHE FACHBEGRIFF FÜR ZU NIEDRIGE BLUTGLUCOSESPIEGEL. FEHLT DEM KÖRPER DURCH EINEN STARKEN ABFALL DES BLUTGLUCOSESPIEGELS DIE LEBENSWICHTIGE GLUCOSE, STELLT SICH RASCH UNWOHLSEIN EIN. DIE URSACHEN SIND VIELFÄLTIG, UND SIE LÄSST SICH, SELBST WENN SIE IHREN DIABETES GUT IM GRIFF HABEN, NIE GANZ AUSSCHLIESSEN.

Ursachen

Die häufigste Ursache sind das Auslassen von Zwischenmahlzeiten oder zu geringe Kohlenhydratportionen bei den Mahlzeiten. Gelegentlich kann Sie auch durch ungeplante körperliche Anstrengung, falsche Dosierung von Insulin oder Tabletten oder durch Alkoholgenuss ohne Nahrung ausgelöst werden. Um die Zahl von Hypoglykämien klein zu halten, sollten Sie zwischen den Mahlzeiten, Ihrer körperlichen Aktivität und der Dosierung von Insulin mit Hilfe von Blutzuckerkontrollen eine Balance finden.

Behandlung

Sobald Sie Zeichen einer Unterzuckerung bemerken, müssen Sie sofort handeln. Nehmen Sie »rasch wirkende« Kohlenhydrate zu sich, etwa ein Glas Fruchtsaft oder einen zuckerhaltigen Softdrink oder drei oder mehr Traubenzuckerplättchen. Damit der Blutglucosespiegel nicht erneut abfällt, essen Sie anschließend »länger wirkende« stärkehaltige Kohlenhydrate, etwa Brot, Kekse und Milch, Müsli und Obst oder die nächste Mahlzeit.

DIE HAUPTSYMPTOME DER HYPOGLYKÄMIE

- Zittern
- Zittern der Lippen
- Hungergefühl
- Schwitzen
- Erblassen
- Angstgefühl
- Nervosität
- Konzentrationsschwäche
- beschleunigter Puls und Herzrasen

Gesunde Ernährung

EINE AUSGEWOGENE DIABETESKOST TUT JEDEM GUT. ALLERDINGS SIND BEI DER ZUSAMMENSTELLUNG FAKTOREN WIE ALTER, GEWICHT, ERNÄHRUNGSVORLIEBEN, ALLGEMEINER GESUNDHEITSZUSTAND, EVENTUELLE EINNAHME VON MEDIKAMENTEN UND LEBENSFÜHRUNG ZU BERÜCKSICHTIGEN. WENDEN SIE SICH NACH DER DIAGNOSE AN EINE QUALIFIZIERTE DIÄTASSISTENTIN.

SPEZIALDIÄTEN

Zwei Gruppen brauchen eine Sonderbehandlung.

Kinder

Kinder mit Diabetes brauchen regelmäßige Mahlzeiten und Zwischenmahlzeiten, um ihren Blutglucosespiegel besser ausgleichen zu können. Eltern und Lehrer sollten daran denken, dass Kinder das Essen schon einmal vergessen und bei ihren körperlichen Aktivitäten spontaner sind als Erwachsene. Da Kinder noch im Wachsen sind, sich laufend weiterentwickeln und ihren Lebensstil verändern, sollten Sie sich informieren, um diesen Bedürfnissen Rechnung zu tragen.

Bei anderen Krankheiten

Erwachsene, die wegen einer Lebensmittelallergie oder einer Magen-Darm-Erkrankung, eine Diät einhalten müssen, sollten sich von einer Diätassistentin beraten lassen, um sicherzustellen, dass diese Diät ausgewogen ist.

Die Rolle der Diät

Die Auswahl der Speisen und die Essgewohnheiten spielen für die Kontrolle des Blutglucosespiegels eine wichtige Rolle. Da es sich beim Diabetes um eine chronische Erkrankung handelt, müssen Sie auf eine gesunde Diabeteskost umstellen. Das wird sich im Übrigen auch positiv auf andere mit dem Diabetes in Zusammenhang stehenden Risikofaktoren auswirken, etwa auf Ihr Gewicht, den Blutdruck sowie den Cholesterin- und den Triglyzeridspiegel. Dabei sollten Sie daran denken, dass das Essen auch Genuss sein sollte. Eine Diabeteskost darf also nicht darin bestehen, dass Sie nur spezielle Speisen auswählen oder einen komplizierten, strengen Diätplan einhalten müssen. Vielmehr sollten Sie sich nach Ihren Vorlieben und Bedürfnissen einen abwechslungsreichen, ausgewogenen Speiseplan zusammenstellen. Und das gilt nicht nur für Diabetiker!

Die Ernährung umstellen

Auf Seite 15 haben wir die sechs wesentlichsten Punkte für eine gesunde Ernährung zusammengestellt. Vielleicht sieht Ihr täglicher Speiseplan ähnlich aus, vielleicht aber auch nicht. In diesem Fall sollten Sie Ihre Ernährung unbedingt umstellen. Gehen Sie dabei in kleinen Schritten vor, denn dann wird sich schon bald ein Erfolg einstellen. Ein erster Schritt könnte darin bestehen, dass Sie von Vollmilch auf Halbfettmilch umsteigen oder die Butter durch einen fettarmen Brotaufstrich ersetzen. Später könnten Sie dazu übergehen, Ihren Tee oder Kaffee nicht mehr mit Zucker zu süßen und auf zuckerfreie Getränke umzusteigen. Schließlich sollten Sie versuchen, Ihre Mahlzeiten gleichmäßig über den Tag zu verteilen, sie regelmäßig einzunehmen und darauf zu achten, dass sie überwiegend aus stärkehaltigen Nahrungsmitteln wie Brot, Nudeln und Reis bestehen. Wenn Sie Ihre Ernährung in kleinen Schritten umstellen, wird Ihnen die Umstellung leichter fallen.

Sechs Schritte zu einer gesunden Ernährung

Achten Sie auf regelmäßige Mahlzeiten mit stärkehaltigen Nahrungsmitteln wie Brot, Nudeln, Kartoffeln, Reis und Getreide.

Verzichten Sie möglichst auf fettreiche Speisen und ersetzen Sie Vollfettprodukte durch fettarme Erzeugnisse.

Essen Sie nur wenig Zucker und zuckerhaltige Speisen, um ein schnelles Ansteigen des Blutglucosespiegels zu vermeiden.

Essen Sie mehr Obst, Gemüse und Hülsenfrüchte – mindestens fünf Portionen am Tag. Anregungen dazu finden Sie auf Seite 18.

Reduzieren Sie Ihren Salzverbrauch. Würzen Sie mit Kräutern und Gewürzen und achten Sie bei Fertigprodukten auf den Salzgehalt.

Alkohol nur in Maßen. Maximal 3 Gläser Bier à 0,33 Liter oder 3 Gläser Wein à 0,2 Liter (Frauen weniger). Verzichten Sie zweimal pro Woche auf Alkohol.

KLEINE LEBENSMITTELKUNDE

DIE AUSWAHL DER SPEISEN UND DIE ESSGEWOHNHEITEN SPIELEN FÜR DEN UMGANG MIT DEM DIABETES EINE ENTSCHEIDENDE ROLLE. DABEI GELTEN FÜR DIABETIKER DIE GLEICHEN EMPFEHLUNGEN WIE FÜR JEDEN GESUNDEN. DIE DIABETESKOST SOLLTE FETT- UND SALZARM SEIN, WENIG ZUCKER ENTHALTEN, UND DIE MAHLZEITEN SOLLTEN AUF STÄRKEHALTIGEN NAHRUNGSMITTELN BASIEREN.

GESUNDE MAHLZEIT
Die ideale Hauptmahlzeit sollte zur Hälfte aus stärkehaltigen Nahrungsmitteln (hier Kartoffeln) bestehen. Die zweite Hälfte sollte zu zwei Dritteln aus Gemüse (oder Obst) und zu einem Drittel aus einem eiweißhaltigen Lebensmittel sein.

Stärkehaltige Lebensmittel Brot, Getreide, Reis, Nudeln und Kartoffeln sind reich an Kohlenhydraten und sind gesunde Energiespender. Die Kohlenhydrate aus den stärkehaltigen Lebensmitteln werden bei der Verdauung in Glucose umgewandelt, die wiederum vom Blut aufgenommen wird. Die meisten stärkehaltigen Nahrungsmittel werden relativ langsam verdaut und absorbiert, so dass der Blutglucosespiegel nach der Mahlzeit nur langsam ansteigt. Wenn Sie Ihre Mahlzeiten und Snacks auf stärkehaltigen Speisen aufbauen, können Sie Ihren Blutglucosespiegel besser kontrollieren und ausgleichen.

- Pellkartoffeln und Vollkornprodukte sind reich an Ballaststoffen, die vor Verstopfung und anderen Darmerkrankungen schützen.

- Einige stärkehaltige Nahrungsmittel werden langsamer resorbiert als andere, wodurch auch der Blutglucosespiegel langsamer ansteigt. Sie haben einen niedrigen glykämischen Index (*siehe Kasten rechts oben*). Dazu zählen Haferflocken, Erbsen, Bohnen, Linsen, Nudeln, Roggenbrot, Äpfel und Orangen. Interessanterweise haben Kartoffeln, Cornflakes, Reis sowie Weiß- und Vollkornbrot einen weit höheren glykämischen Index.

- Wenn Sie Lebensmittel mit niedrigem glykämischen Index regelmäßig in Ihre Mahlzeiten einbauen, werden Sie Ihren Blutglucosespiegel besser kontrollieren können. Obwohl Kartoffeln im Vergleich zu Nudeln einen hohen glykämischen Index haben, sind beide empfehlenswert. Kombinieren Sie nämlich Kartoffeln mit einem Lebensmittel mit niedrigem glykämischem Index, etwa Bohnensalat, Dal oder weißen Bohnen, haben Sie den gleichen glykämischen Index wie bei einem Nudelgericht.

Zucker und zuckerhaltige Speisen

Die Behauptung, ein Diabetiker müsse auf Zucker verzichten, hält sich hartnäckig. Sie entstand aus dem Glauben, dass Zuckerhaltiges ein rasches Ansteigen des Blutglucosespiegels verursacht. Welche Auswirkung ein Gericht oder Getränk auf den Blutglucosespiegel hat, hängt jedoch nicht allein vom Zuckergehalt ab, sondern auch von der Zubereitung, Gartechnik und den Beilagen. Trinken Sie ein zuckerhaltiges Getränk auf nüchternen Magen, steigt der Blutglucosespiegel rasch an. Ist der Zucker Bestandteil einer Mahlzeit mit Nahrungsmitteln mit niedrigem glykämischen Index, steigt der Blutglucosespiegel langsamer an. Essen Sie stets wenig Zucker.

Süßstoffe

Künstliche Süßungsmittel aus Aspartam, Saccharin, Acesulfam K oder Cyclamat sind zucker- und kalorienfrei und beeinflussen den Blutglucosespiegel nicht. Sie eignen sich nur zum Süßen von Gekochtem oder von Gerichten, die nicht gegart werden müssen, da sie beim Erhitzen ihren süßen Geschmack verlieren oder bitter werden können. Auch zum Backen sind sie nicht geeignet. Süßstoffe zählen zu den Zusatzstoffen, unterliegen der Lebensmittelkontrolle und bedürfen der Zulassung. Es gibt Empfehlungen, welche Mengen verträglich sind. Achten Sie darauf, dass Sie diese empfohlene tägliche Höchstmenge nicht überschreiten. Wenn Sie Süßstoffe regelmäßig verwenden, sollten Sie zu Produkten greifen, die mehrere verschiedene Süßstoffe enthalten (die entsprechenden Informationen sind auf der Verpackung abgedruckt), damit Sie nicht zu viel von einem Süßstoff aufnehmen.

DER GLYKÄMISCHE INDEX

Beim glykämischen Index handelt es sich um eine Auflistung kohlenhydratreicher Nahrungsmittel und ihrer Auswirkungen auf den Blutglucosespiegel. Als Bezugsgröße dient dabei die Glucose mit einem glykämischen Index von 100 (die höchste Zahl auf dem Index), weil sie von allen Kohlenhydraten am raschesten resorbiert wird und zu einen unvermittelten Anstieg des Blutglucosespiegels führt. Anhand des glykämischen Index können Diabetiker lernen, Ihren Blutzuckerspiegel besser zu kontrollieren. Die einfachste Anwendung des glykämischen Index ist die Kombination stärkehaltiger Lebensmittel mit Obst, Gemüse und Hülsenfrüchten.

ZUCKERAUSTAUSCHSTOFFE

Zuckeraustauschstoffe wie Sorbit, Lactit und Xylit sowie Fruchtzucker und spezielle »Diabetikerprodukte« haben gegenüber herkömmlichem Zucker und Süßspeisen keinen besonderen Vorteil und werden Diabetikern deshalb im Allgemeinen nicht empfohlen.

FÜNF PORTIONEN FRÜCHTE & GEMÜSE

1 Esslöffel Trockenfrüchte

Salat als Beilage

1 mittelgroße Frucht

2–3 Esslöffel Gemüse

1 kleines Glas Fruchtsaft pur

Obst und Gemüse

Essen Sie täglich mindestens fünf Portionen Obst und Gemüse (*siehe Beispiele links*). Dabei ist auch für Diabetiker jedes Obst und Gemüse geeignet. Versuchen sie, möglichst oft frisches, tiefgefrorenes, eingelegtes oder getrocknetes Obst und Gemüse sowie auch Säfte in ihre Mahlzeiten und Zwischenmahlzeiten einzubauen.

- Studien haben gezeigt, dass bei Menschen, die viel Obst und Gemüse essen, das Risiko, an Herz-Kreislauf-Erkrankungen, Schlaganfall und Krebs, zu erkranken, geringer ist.

- Obst und Gemüse haben wenig Fett und Kalorien, enthalten lösliche und unlösliche Ballaststoffe, sind gute Kohlenhydratlieferanten und reich an Vitaminen, Mineralstoffen und sekundären Pflanzenstoffen. Bekannte Pflanzenstoffe sind Antioxidantien, aktive chemische Verbindungen, die helfen, die so genannten freien Radikale abzuwehren und dadurch die Zellen vor Schädigung zu schützen. Da die einzelnen Obst- und Gemüsesorten verschiedene Pflanzenstoffe enthalten, sollten Sie für Abwechslung sorgen. Vitamintabletten sind kein Ersatz für Obst und Gemüse.

Fette

Fette sind ausgesprochen kalorienreich. Je nachdem wie hoch der Anteil einer bestimmten Fettsäure (das sind die organischen Verbindungen, aus denen sich Fette und Öle zusammensetzen) ist, unterscheidet man vier Haupttypen von Fettsäuren.

- **Gesättigte Fettsäuren** Nimmt man zu viel auf, produziert die Leber mehr Cholesterin. Dadurch kann sich der Cholesterinspiegel erhöhen, was wiederum zu Herz-Kreislauf-Erkrankungen führen kann. Sie können das Blut zähflüssig machen, so dass sich unter Umständen Blutgerinnsel bilden. Sie sollten nur wenig gesättigte Fettsäuren zu sich nehmen.

- **Einfach ungesättigte Fettsäuren** In Maßen genossen wirken sie sich günstig auf den Cholesterinspiegel aus, besonders, wenn sie anstelle von gesättigten Fettsäuren verwendet werden. Bei Ölen und Aufstrichen sollten Sie zu Produkten greifen, die reich an einfach ungesättigten Fettsäuren sind.

- **Mehrfach ungesättigte Fettsäuren** Einige von ihnen sind essenziell. Man unterscheidet Omega-6- und Omega-3-Fettsäuren. Letztere werden für das Wachstum, den Aufbau der Zellmembranen und die Produktion von »Eicosanoiden« benötigt, chemischen Botenstoffen, die die Blutgerinnung und den Blutdruck regulieren und das Immunsystem beeinflussen. Die Derivate der Omega-3-Säure spielen beim Säugling eine wichtige Rolle bei der Entwicklung der Augen und des Gehirns. Da sie mit Margarine und anderen Aufstrichen viel Omega-6-Fettsäuren aufnehmen, sollten Sie darauf achten, dass Sie Ihrem Körper mehr Omega-3-Fettsäuren zuführen, indem Sie einmal wöchentlich fettreichen Fisch wie Lachs, Makrelen, Sardinen oder Forelle essen. Auch Fischöle sind reich an Omega-3-Fettsäuren.

- **Trans-Fettsäuren** Sie fallen als Nebenprodukte bei der Hydrierung der Fetthärtung an. Studien haben gezeigt, dass Trans-Fettsäuren, ebenso wie gesättigte Fettsäuren, den Cholesterinspiegel erhöhen können, deshalb sollten Sie nur in Maßen gegessen werden. Speisen, bei denen »hydriertes Pflanzenöl/-fett« ganz oben auf der Zutatenliste erscheint, etwa bei Gebäck und Kuchen, enthalten beträchtliche Mengen.

Salz

Eine salzreiche Ernährung kann zu Bluthochdruck, Herz-Kreislauf-Erkrankungen, Schlaganfällen und Nierenerkrankungen führen. Krankheiten also, die als Folge des Diabetes auftreten können. Etwa drei Viertel des Salzes, das wir zu uns nehmen, stammt aus Fertigprodukten, der Rest wird beim Kochen oder bei Tisch hinzugefügt. Verzichten Sie auf Fertigerzeugnisse und Fertiggerichte und bereiten Sie Ihre Mahlzeiten selbst zu. Würzen Sie nicht mit Salz, sondern mit Kräutern, Gewürzen, Knoblauch, Zitronensaft, Essig und Tomatenmark.

Ballaststoffe

Eine ausgewogene Diabeteskost sollte eine ganze Palette an ballaststoffreichen Nahrungsmitteln enthalten. Sie sind meist fettarm und reich an Kohlenhydraten, Vitaminen, Mineralstoffen und Antioxidantien. Man unterscheidet:

- **Unlösliche Ballaststoffe** sind meist in Vollkorngetreide und Vollkornprodukten sowie in Gemüse enthalten. Regen die Darmtätigkeit an, schützen vor Verstopfung und Darmkrebs.

- **Lösliche Ballaststoffe** sind in Haferflocken, Hülsenfrüchten, Obst und einigen Gemüsesorten enthalten. Sie bilden im Darm eine zähflüssige Substanz und können, bei regelmäßigem Verzehr zur Balance des Blutglucosespiegels beitragen, weil sie die Verdauung und Aufnahme von Glucose ins Blut verlangsamen. Außerdem senken sie den Cholesterinspiegel und sättigen. Für Diabetiker sind sie einfach ideal! Speisen, die reich an löslichen Ballaststoffen sind, haben einen niedrigen glykämischen Index.

FETTQUELLEN

Die Hauptquellen der vier Fettsäuren sind:

Gesättigte Fettsäuren
- fettes Fleisch, Schweineschmalz, Butter, Sahne, Hartkäse und Vollmilch
- Gebäck
- Kokos- und Palmöl

Einfach ungesättigte Fettsäuren
- Oliven, Raps- und Erdnussöl
- Avocados
- die meisten Nüsse

Mehrfach ungesättigte Fettsäuren
- Omega 6: Sonnenblumen-, Maiskeim-, Distel- und Sojaöl und Margarine; Traubenkernöl; Sonnenblumenkerne und Sesamsamen
- Omega 3: fettreicher Fisch, Fischöle

Trans-Fettsäuren
- Gehärtete Margarine
- Fastfood
- Gebäck und Kuchen

Einkauf & Zubereitung

DIE VIELEN FERTIGPRODUKTE LASSEN SICH IN EINE AUSGEWOGENE DIABETESKOST EINBAUEN, VORAUSGESETZT, SIE VERSTEHEN DIE ETIKETTEN. DIE ZUTATENANGABEN SIND LEICHT ZU VERSTEHEN, DA DIE ZUTATEN STETS NACH IHREM GEWICHTSANTEIL AUFGELISTET SIND, SO DASS DIE HAUPTZUTAT IMMER AN ERSTER STELLE STEHT. SCHWIERIGER IST ES HINGEGEN BEI DEN NÄHRWERTANGABEN.

Was Etiketten aussagen Überlegen Sie anhand der Nährwertangaben, wie sich das jeweilige Produkt in Ihre Diabeteskost einplanen lässt. Manche Erzeugnisse haben zwar einen hohen Zucker-, Fett- oder Kaloriengehalt, doch wenn Sie wenig oder selten von diesen Produkten essen, können sie zu Ihrem Kostplan passen. Bei Nahrungsmitteln, die Sie regelmäßig oder in größeren Mengen verwenden, sollten Sie zu Produkten greifen, die wenig Fett, Zucker und Salz enthalten. Den Nährwertangaben können Sie entnehmen, welche Menge eines Nährstoffs Ihnen das Lebensmittel liefert und Sie können so verschiedene Produkte vergleichen.

NÄHRWERTANGABEN AUF VERPACKUNGEN

Folgende Nährstoffe stehen meistens auf den Etiketten. Vergleichen Sie anhand der Spalte »Gewicht« ähnliche Lebensmittel und anhand der Spalte »Pro Portion« verschiedene Lebensmittel.

Nährwertinformation Typische Werte	Menge pro 100 g	Menge pro Portion (200 g)
Energie	212 kJ/50 kcal	424kJ/100kcal
Eiweiß	1,9 g	3,8 g
Kohlenhydrate	10,1 g	20,1 g
(davon Zucker)	(1,7 g)	(3,3 g)
Fett	0,2 g	0,4 g
(davon gesättigt)	(in Spuren)	(in Spuren)
Ballaststoffe	0,6 g	1,3 g
Natrium	0,4 g	0,8 g

Energie (kcal oder kJ) Die Menge an Energie, gemessen in Kalorien oder Joules, die das Lebensmittel liefert.

Eiweiß (g) Da wir genug Eiweiß aufnehmen, brauchen Sie dem Eiweißgehalt keine besondere Aufmerksamkeit zu schenken. Es sei denn, Sie müssen eine eiweißarme Diät einhalten.

Kohlenhydrate (g) Das sind hauptsächlich Stärke und Zucker. Die Werte werden gelegentlich auch getrennt ausgewiesen. Greifen Sie möglichst zu Produkten, die mehr Stärke als Zucker enthalten.

Natrium (g) Das Natrium stammt aus dem Salz (Natriumchlorid). Verwenden Sie nicht mehr als 2,4 g Natrium (das entspricht 6 g Salz) täglich.

Ballaststoffe (g) Die Angabe bezieht sich auf die Gesamtmenge der enthaltenen Ballaststoffe, einschließlich löslicher und unlöslicher. Nehmen Sie täglich etwa 24 g Ballaststoffe auf.

Zucker (g) Die Angabe gilt für alle Zuckerarten. Auf dem Etikett kann unter dem Stichpunkt Kohlenhydrate auch noch »davon Zucker« vermerkt sein. Damit sind alle Zucker, ob natürlich vorkommend oder zugesetzt, im Produkt gemeint.

Fett (g) Die Angabe bezieht sich auf den Gesamtfettgehalt und wird gelegentlich untergliedert in gesättigte, einfach ungesättigte und mehrfach ungesättigte Fettsäuren. Greifen Sie zu fettarmen Produkten mit wenig gesättigten Fettsäuren. Wählen Sie Ölsorten und Aufstriche mit viel einfach ungesättigten Fettsäuren.

Gesündere Alternativen

Beim Kauf von Fertigprodukten oder bei der Auswahl der Zutaten sollten Sie nach gesunden Alternativen Ausschau halten, also nach Produkten mit niedrigerem Fett- oder Zuckergehalt. Die folgenden Empfehlungen helfen Ihnen bei der Auswahl.

HOHER FETTGEHALT	NIEDRIGER FETTGEHALT
• Vollmilch und Milchprodukte	• Fettarme Milch, Joghurt und Frischkäse
• Hartkäse	• Halbfette Käsesorten wie Cheddar, Brie oder Edamer; fettarmer Weichkäse
• Butter und Margarine	• Fettarme Aufstriche mit wenig gesättigten Fettsäuren
• fettes Fleisch und Fleischprodukte	• mageres frisches Fleisch (oder vom Fett befreites Fleisch) Schinken, kalter Braten, magerer Hinterschinken
• Käsesaucen oder ölhaltige Saucen	• Saucen auf Gemüsebasis
• Salatdressings	• fettfreie Dressings auf Joghurtbasis; Balsamico-Essig
• fettreiche Fertiggerichte	• Mahlzeiten ohne Gebäck, Sahne oder Käsesaucen, die nicht mehr als 10–15 g Fett pro Portion enthalten
• Fettreiche Milchspeisen	• fettarme Joghurts, Mousses, Reispudding, Cremes und Frischkäse (möglichst auch mit wenig Zucker)
• Salzgebäck	• selbst gemachtes Popcorn (ohne Fett), Reiscracker, Grissini

HOHER ZUCKERGEHALT	NIEDRIGER ZUCKERGEHALT
• Zucker, Glucose, Fructose	• Süßstoffe
• Limonaden wie Cola oder Tonic	• Diät- oder Light-Limonaden
• Säfte, Liköre	• zuckerfreie, kalorienarme Säfte oder Liköre
• eingelegte Früchte	• im eigenen Saft eingelegte Früchte
• süße Puddings	• Reispuddings, Cremes, Mousses, Geleespeisen und Cremes ohne oder nur mit wenig Zucker
• süße Kekse	• einfache oder halbsüße Kekse
• Kuchen	• Früchtebrot, Teekuchen, Biskuit ohne Fett

Der Speiseplan

GESUNDE MAHLZEITEN UND FESTE ESSENSZEITEN SIND WICHTIG, WENN SIE IHREN DIABETES IN DEN GRIFF BEKOMMEN WOLLEN, IHR OPTIMALES GEWICHT ERREICHEN UND HALTEN MÖCHTEN, IHRE BLUTFETTWERTE STABIL BLEIBEN SOLLEN, UND ZU GROSSE SCHWANKUNGEN IHRES BLUTGLUCOSESPIEGELS VERHINDERN WOLLEN.

Regelmäßige Mahlzeiten auf der Basis stärkehaltiger Speisen, kombiniert mit stärkehaltigen Beilagen wie Brot, Reis, Nudeln, Kartoffeln und Getreideprodukten, sind die beste Grundlage für Ihre Diabeteskost. Beginnen Sie den Tag mit einem Frühstück aus Müsli mit frischen oder getrockneten Früchten und fettarmer Milch oder mit Brot und fettarmem Aufstrich. Essen Sie zwischendurch ein belegtes Brötchen. Gönnen Sie sich täglich eine Hauptmahlzeit mit stärkehaltigen Gerichten, Gemüse und Obst. Verzichten Sie auf Frittiertes und Gebäck. Fertiggerichte sollten Sie mit stärkehaltigen Beilagen, Gemüse und Salat servieren. Beenden Sie Ihre Mahlzeit mit frischen Früchten.

Ausgewogene Mahlzeiten Stellen Sie sich einen Teller (*siehe Seite 16*) vor, den Sie zur Hälfte mit stärkehaltigen Nahrungsmitteln wie Brot, Kartoffeln, Nudeln oder Getreideprodukten füllen. Die andere Hälfte füllen Sie zu zwei Dritteln mit Gemüse, Salaten oder Obst und zu einem Drittel mit etwas Eiweißreichem, etwa magerem Fleisch, Fisch, Hähnchen, Bohnen, Tofu oder Käse. Reichern Sie Salate mit Bohnen, Vollkornnudeln oder -reis an. Milchprodukte wie Käse haben einen hohen Fettgehalt, deshalb sollten Sie nur wenig davon essen und lieber zu fettarmen Produkten greifen.

Abendessen

Diese einfachen und schnellen Gerichte eignen sich für Berufstätige und können auch im Voraus zubereitet werden.

Hähnchen-Pie mit Bohnen, Estragon und Lauch (*Seite 62*)
mit Gemüse oder Salat

Zitrusspeise (*Seite 101*)

Fleischbällchen mit Tomatensauce (*Seite 66*)
mit Reis oder Nudeln und Salat

Heidelbeereis mit Baisers (*Seite 92*)

Oben *Fleischbällchen mit Tomatensauce*

Vegetarische Abendessen

Diese sättigenden Zwei-Gänge-Menüs sind zwar für Vegetarier gedacht, werden aber auch Ihrer Familie schmecken.

Nudeln mit buntem Gemüse *(Seite 72)*
mit Brot und Salat

Gebackene Pfirsichpäckchen *(Seite 100)*

Gemüseauflauf *(Seite 70)*

Biskuitpudding mit Aprikosen *(Seite 105)*

Unten *Nudeln mit buntem Gemüse*

Kalorienarme Menüs

Mit diesen kalorienarmen Menüs können Sie genussvoll abnehmen.

Gedünsteter Fisch mit Sauce Tartare *(Seite 64)*
mit neuen Kartoffeln und Salat

Beerensorbet *(Seite 90)*

Hähnchenbrust mit Spinat-Ricotta-Füllung *(Seite 57)*
mit Reis und Gemüse

Fruchtspiesse *(Seite 97)*

Pfannengerührtes mit Tofu *(Seite 71)*

Papaya-Passionsfrucht-Kompott mit Basilikum *(Seite 101)*

Oben *Beerensorbet*

Die Vorschläge auf den folgenden Seiten helfen Ihnen dabei, möglichst ausgewogene Mahlzeiten zusammenzustellen. Servieren Sie fettreiche Gerichte mit viel Gemüse und fettarmen, stärkehaltigen Beilagen. Und achten Sie bei der Zusammenstellung auch auf die Ausgewogenheit der Nährstoffe.

Snacks

Falls Sie mit Insulin behandelt werden, müssen Sie unter Umständen eine Zwischenmahlzeit essen, um Ihrem Körper regelmäßig Kohlenhydrate zuzuführen und um so zu vermeiden, dass Ihr Blutglucosespiegel abfällt. Ein idealer Kohlenhydratlieferant ist frisches Obst.

Mahlzeiten planen

Eine Diätassistentin kann Ihnen bei der Umstellung Ihrer Essgewohnheiten und der Auswahl der Lebensmittel helfen und wird Sie bei der Erreichung Ihrer Ziele anleiten. Wie eine ausgewogene Mahlzeit aussehen sollte, lernen Sie mit diesen Menüvorschlägen kennen.

Rezepte abwandeln

Bei einer ausgewogenen Diabeteskost müssen Sie nicht auf alle Ihre Lieblingsgerichte verzichten. Passen Sie Ihre Rezepte einfach Ihren Bedürfnissen an, indem Sie:

- **den Fettgehalt senken** Garen Sie Ihre Gerichte mit wenig Fett oder ganz ohne. Als Gartechnik bieten sich das Garen in der Mikrowelle, Backen, Grillen, Pochieren und Dünsten an. Verwenden Sie zum Braten eine beschichtete Pfanne. Ersetzen Sie Vollmilch, Sahne, Käse und Joghurt durch fettarme Produkte. Entfernen Sie bei Geflügel die Haut und das Fett. Verwenden Sie nur mageres rotes Fleisch.

- **den Zuckergehalt senken** Ersetzen Sie den Zucker in Kuchen, Süßspeisen und Früchtebroten ganz oder teilweise durch Trockenfrüchte. Verwenden Sie zum Backen nur die Hälfte der Zuckermenge. Das reicht aus, damit der Kuchen aufgeht und locker wird. Mit Süßstoff erst nach dem Kochen süßen.

LEICHTE MITTAGESSEN

Dass ein sättigendes Mittagessen nicht aufwändig sein muss, zeigen Ihnen diese Gerichte.

GEFÜLLTE PITTABROTE (*Seite 48*)
mit etwas Obst

SAFTIGES STEAKSANDWICH (*Seite 52*)

BRUNCH

BRÖTCHEN MIT EI UND PARMASCHINKEN (*Seite 45*)

BRÖTCHEN MIT KRÄUTERSAHNE (*Seite 53*)

OBEN *Gefüllte Pittabrote*

ABENDEINLADUNGEN

Mit diesen wunderbaren Drei-Gänge-Menüs werden Sie jeden Gourmet begeistern.

ZUCCHINI-ERBSEN-SUPPE MIT MINZEPESTO *(Seite 33)*

GEFÜLLTES SCHWEINEFILET *(Seite 67)* MIT SELLERIEPÜREE *(Seite 89)* und Gemüse

FRUCHTSABAYON *(Seite 104)*

LACHSTERRINE MIT ESTRAGON *(Seite 34)*

GEBRATENE ENTENBRUST MIT MANGOSALSA *(Seite 54)* MIT SAUTIERTEM KOHL MIT GERÖSTETEN SAMEN *(Seite 84)* und neuen Kartoffeln

ROTWEINBIRNEN MIT VANILLECREME *(Seite 102)*

UNTEN *Rotweinbirnen mit Vanillecreme*

BÜFFETS

Hier ist eine Auswahl kleiner Gerichte für Ihr nächstes Partybüffet.

SCHARFE GARNELEN *(Seite 36)*

FLEISCHSPIESSCHEN MIT ERDNUSS-SAUCE *(Seite 38)*

TARTELETTES MIT RÄUCHERLACHS *(Seite 46)*

SPINATTORTILLA *(Seite 49)*

PIKANTE KARTOFFELECKEN *(Seite 45)*

BOHNENSALAT MIT LAMMFLEISCH *(Seite 53)*

TOSKANISCHER BROTSALAT *(Seite 83)*

GEMÜSESPIESSE *(Seite 83)*

KÄSEKUCHEN ST. CLEMENT *(Seite 106)*

OBEN *Tartelettes mit Räucherlachs*

Wenn Sie ausser Haus essen

WERDEN SIE MIT INSULIN ODER TABLETTEN BEHANDELT, SO DASS DIE GEFAHR EINER HYPOGLYKÄMIE BESTEHT, SIND REGELMÄSSIGE MAHLZEITEN BESONDERS WICHTIG. KÖNNEN SIE IHRE MAHLZEITEN NICHT ZU HAUSE EINNEHMEN, ETWA BEI EINEM RESTAURANTBESUCH ODER WÄHREND EINER REISE, MÜSSEN SIE SICH VORHER ÜBERLEGEN, WAS UND WANN SIE ESSEN.

DIE RICHTIGE WAHL

Dieser Leitfaden hilft Ihnen bei der Wahl fettarmer Gerichte.

Fettärmere Speisen

- gedünstet
- pochiert
- gegrillt
- auf Holzkohle gegrillt
- gebacken
- im eigenen Saft gegart
- Pomodoro (Tomatensauce)
- Weinsauce
- pfannengerührt

Fettreichere Speisen

- frittiert
- Hollandaise
- sahnig
- au gratin
- knusprig
- Kokoscreme/-milch
- sautiert
- Béchamel
- in der Pfanne gebraten

Unterwegs

Müssen Sie eine Mahlzeit ausfallen lassen oder verschieben, sollten Sie stattdessen trotzdem eine Kleinigkeit essen, um einer Hypoglykämie (*siehe Seite 13*) vorzubeugen. Achten Sie darauf, dass Sie immer einen stärkehaltigen Snack bei sich haben, wenn Sie länger unterwegs oder auf Reisen sind. Wenn Sie Sport treiben wollen, sollten Sie vorher stets Kohlenhydrate essen, da der Blutglucosespiegel bei körperlicher Anstrengung abfällt. Treffen Sie sich mit Freunden auf einen Drink, sollten Sie vorher keine Mahlzeit oder Zwischenmahlzeit auslassen, denn Alkohol kann den Blutglucosespiegel senken und erhöht die Gefahr einer Hypoglykämie. Werden Sie ausschließlich mit einer Diabeteskost oder mit einer Kombination aus Diät und Tabletten behandelt, sollten Sie Ihren Arzt fragen, wie Sie sich unterwegs verhalten sollen.

Im Restaurant

Es ist heute keine Seltenheit, dass man mehrmals wöchentlich auswärts isst, sei es in der Kantine, eventuell ein schneller Imbiss mit einem Freund oder ein Restaurantbesuch nach dem Kino. Für Diabetiker kann das mit einigen Schwierigkeiten verbunden sein. Hier ein paar Tipps:

- **Lassen Sie sich eine Extraportion Brot geben**, aber verzichten Sie auf Butter. Geeignet ist jede Brotsorte.
- **Lassen Sie sich Wasser bringen**, um Ihren Durst zu löschen.
- **Bestellen Sie höchstens zwei Gänge** und achten Sie darauf, dass mindestens einer aus Gemüse, Meeresfrüchten oder Obst besteht.
- **Achten Sie auf die Größe der Portionen**. Sie sind häufig größer, enthalten aber weniger Kohlenhydrate als Sie es gewöhnt sind.
- **Verzichten Sie auf Frittiertes** und auf Gerichte mit Käse- oder Sahnesaucen (*fettarme Gerichte siehe Kasten links*). Lassen Sie sich Saucen getrennt servieren, damit Sie die Menge selbst bestimmen können.

- **Machen Sie von Ihren Rechten als Gast Gebrauch** und bitten Sie eventuell darum, dass ein Gericht anders zubereitet wird. Bestellen Sie Gegrilltes anstatt Gebratenes, Gemüse ohne Fett, neue oder gebackene Kartoffeln statt Bratkartoffeln. Verlangen Sie gedämpften statt gebratenen Reis, größere Gemüse-, Salat-, Kartoffel-, Reis- oder Nudelportionen. Bitten Sie darum, dass man für die Sauce keine Sahne, Butter oder Mayonnaise verwendet oder das Salatdressing ohne Öl zubereitet.

- **Achten Sie auf Ausgewogenheit** und bestellen Sie eine große Portion Reis, Nudeln, Brot, Kartoffeln mit einer kleinen Portion Fleisch, Hähnchen, Fisch, Eier oder Bohnen und viel Gemüse oder Salat.

Fastfood

- **Hamburger-Restaurants** Einfache Hamburger oder Cheeseburger, Chickenburger, Orangensaft, Diätdrinks; möglichst keine Mayonnaise nehmen.

- **Sandwiches und Brötchen** Verzichten Sie auf Butter oder Mayonnaise. Wählen Sie Salat mit Tunfisch, Lachs, magerem gebratenem Fleisch, Schinken, Hähnchenfleisch, Ei, Edamer, Brie, fettarmem Weichkäse als Belag.

- **Pizza** mit Gemüse, Schinken, Tunfisch oder Meeresfrüchten; keine Peperoni oder zusätzlichen Käse. Fettfreie Dressings für den Salat.

- **Snacks** Frisches Obst oder Obstsalate, Joghurt oder Reisauflauf, Früchtebrot, große Brezen.

DER RICHTIGE PIZZABELAG
Wenn Sie auf den richtigen Belag achten, werden Sie auch im Restaurant so etwas wie die Pizza Vier Jahreszeiten finden (Rezept Seite 50).

EIN GESUNDES BRÖTCHEN
Wenn Sie sich unterwegs ein Brötchen oder Sandwich belegen wollen, machen Sie es wie beim Brötchen mit Kräutersahne (Rezept Seite 53).

REZEPTE

DIE ÜBER 100 REZEPTE WERDEN IHNEN DIE ZUSAMMENSTELLUNG IHRES *Kostplans* ERLEICHTERN. DIE *Nährwertangaben* IN DER RANDSPALTE SIND ANHALTPUNKTE FÜR EINE GESUNDE DIABETESKOST. NEBEN ZAHLREICHEN ZUBEREITUNGS- UND SERVIERVORSCHLÄGEN FINDEN SIE AUCH INFORMATIONEN ZU DEN *Hauptzutaten*. DIESE GERICHTE SCHMECKEN NICHT NUR DIABETIKERN, SONDERN JEDEM UND BEI *allen* GELEGENHEITEN.

LINKS: PIKANTE KRABBENKÜCHLEIN (*siehe Seite 42*)

Crostini mit Ziegenkäse und Haselnussdip

6 dicke Scheiben Baguette oder Ciabatta-Brot
200 g Ziegenkäse, in 6 Scheiben zerteilt
60 g gemischte Salatblätter
Orangenschale zum Garnieren (nach Belieben)

Für den Dip

30 g Haselnüsse, ohne Fett angeröstet
4 EL frisch gehackte Petersilie
1 Knoblauchzehe
Saft und abgeriebene Schale von 1 Orange
1 EL Balsamico-Essig

1. Die Nüsse mit den restlichen Zutaten für den Dip 15 Sekunden im Mixer oder in der Küchenmaschine zerkleinern und die Mischung vorsichtig in einem kleinen Topf erhitzen.

2. In der Zwischenzeit die Brotscheiben auf einer Seite rösten. Die ungeröstete Seite mit 1 Scheibe Ziegenkäse belegen. Die Brote 1–2 Minuten unter den vorgeheizten Backofengrill schieben, bis der Käse zerlaufen und goldbraun ist.

3. Die Salatblätter auf 6 Teller verteilen, die Brote darauf anrichten und eventuell mit Orangenschale garnieren. Den warmen Haselnussdip darauf verteilen oder getrennt dazu reichen.

✶ HAUPTZUTAT
Käse aus Ziegen- und Kuhmilch hat vergleichbare Nährwerte. Auf Grund seines höheren Wassergehalts enthält der Ziegenkäse allerdings weniger Fett als Kuhmilchkäse wie Cheddar.

PRO PORTION:
- Kalorien 150
- Eiweiß 7 g
- Kohlenhydrate 14 g
  Ballaststoffe 1 g
- Gesamtfettmenge 8 g
  Gesättigte Fettsäuren 3 g
- Natrium 256 mg

TIPP
Den Dip können Sie bereits im Voraus zubereiten und bis zur Verwendung im Kühlschrank lagern.

Zubereitungszeit: 15 Minuten
Für 6 Personen

VORSPEISEN

Rohes oder gekochtes Gemüse eignet sich hervorragend als Grundlage für Vorspeisen und Suppen, für Rohkostteller, Salate, Terrinen und Dips. Kohlenhydratarme Gerichte sollten Sie möglichst mit viel Brot servieren.

✶ HAUPT-ZUTAT Hülsenfrüchte wie Linsen sind reich an unlöslichen Ballaststoffen und günstig für den Blutzuckerspiegel.

Pikante Linsensuppe

1 EL Olivenöl
2 Knoblauchzehen, zerdrückt
1 große Zwiebel, gehackt
1 Stück (etwa 2,5 cm) frischer Ingwer, geschält und gerieben
1 Pastinake, gehackt
1 große Kartoffel, gehackt
2 Stangen Staudensellerie, gehackt
2 EL mittelscharfe Currypaste
100 g rote Linsen
1,5 l Gemüsebrühe
1 Dose Kokosmilch (400 g)
Saft und Schale von 1/2 Zitrone
1 EL frisch gehackter Koriander
Salz und frisch gemahlener schwarzer Pfeffer

1. Das Öl in einem großen Topf erhitzen. Die Zwiebeln, Knoblauch und Ingwer darin 2–3 Minuten andünsten.
2. Das restliche Gemüse dazugeben und alles weitere 3 Minuten anbraten. Die Currypaste einrühren und alles 1 Minute garen.
3. Die Linsen und die Gemüsebrühe hinzufügen und aufkochen lassen. Den Topf zudecken und das Gemüse bei schwacher Hitze 25 Minuten köcheln lassen, bis die Linsen weich sind.
4. Das Gemüse im Mixer glatt pürieren. Die Suppe in den Topf zurückgießen, die restlichen Zutaten unterrühren, mit Salz und Pfeffer abschmecken, noch einmal erhitzen und sofort servieren.

PRO PORTION:

- ❍ Kalorien 137
- ❍ Eiweiß 6 g
- ❍ Kohlenhydrate 22 g
  Ballaststoffe 3 g
- ❍ Gesamtfettmenge 3 g
  Gesättigte Fettsäuren 0 g
- ❍ Natrium 165 mg

TIPP
Die Suppe eignet sich hervorragend zum Einfrieren und ist etwa 3 Monate haltbar.

Zubereitungszeit: 45–50 Minuten
Für 6 Personen

Lachsterrine mit Estragon

200 g fettarmer Schmelz- oder Frischkäse
Saft und abgeriebene Schale von 1 Zitrone
150 g Räucherlachs
2 EL frisch gehackter Estragon
2 EL Schmand
Salz und frisch gemahlener schwarzer Pfeffer

1. Sämtliche Zutaten im Mixer oder in der Küchenmaschine glatt pürieren.
2. Die Masse in eine Schüssel füllen, zudecken und bis zum Servieren kalt stellen.

PRO PORTION:

- ❍ Kalorien 73
- ❍ Eiweiß 6 g
- ❍ Kohlenhydrate 0 g
  Ballaststoffe 0 g
- ❍ Gesamtfettmenge 5 g
  Gesättigte Fettsäuren 3 g
- ❍ Natrium 395 mg

TIPP
Den Fett- und Kaloriengehalt können Sie verringern, indem Sie zu fettreduzierten Milchprodukten greifen.

Zubereitungszeit: 5 Minuten
Für 8 Personen

PRO PORTION:

- Kalorien 97
- Eiweiß 10 g
- Kohlenhydrate 2 g
  Ballaststoffe 0 g
- Gesamtfettmenge 5 g
  Gesättigte Fettsäuren 3 g
- Natrium 69 mg

Zubereitungszeit: 35–40 Minuten

Für 8 Personen

Hühnerleberpastete

500 g Hühnerlebern
30 g Butter
1 Zwiebel, in Spalten zerteilt
3 Knoblauchzehen
4 EL Schmand
1 EL Cognac
Salz und frisch gemahlener schwarzer Pfeffer

1. Den Backofen auf 200 °C (Gas Stufe 3–4) vorheizen. Die Hühnerlebern mit der Butter, den Zwiebeln und dem Knoblauch in eine feuerfeste Form geben und 25–30 Minuten im Backofen garen.

2. Das Ganze mit den restlichen Zutaten im Mixer oder in der Küchenmaschine glatt pürieren. Mit Salz und Pfeffer abschmecken. Die Masse in eine Schüssel oder Pastetenform umfüllen, zudecken und bis zum Servieren kalt stellen.

✶ HAUPTZUTAT
Kokoscreme ist zwar reich an gesättigten Fettsäuren, doch sind geringe Mengen, wie in diesem Rezept, durchaus vertretbar.

PRO PORTION:

- Kalorien 74
- Eiweiß 2 g
- Kohlenhydrate 4 g
  Ballaststoffe 3 g
- Gesamtfettmenge 6 g
  Gesättigte Fettsäuren 3 g
- Natrium 3 mg

Zubereitungszeit: 55–60 Minuten

Für 4 Personen

Auberginenkaviar

DIESES PÜREE KÖNNEN SIE WARM ODER KALT ALS VEGETARISCHE VORSPEISE ODER ALS KLEINEN SNACK ZUM APERITIF REICHEN. DAZU PASST GERÖSTETES PITTABROT ODER GRISSINI.

3 große Auberginen, rundherum mit einer Gabel eingestochen
1 EL Olivenöl
1 rote Chilischote, von Samen befreit und fein gehackt
1 EL schwarze Senfsamen
1 Stück (etwa 2,5 cm) frischer Ingwer, geschält und gerieben
2 EL Kokoscreme
4 EL frisch gehackter Koriander

1. Den Backofen auf 200 °C (Gas Stufe 3–4) vorheizen. Die Auberginen auf ein Backblech legen und 40–45 Minuten garen. Abkühlen lassen, längs halbieren, das Fruchtfleisch herauslösen und die Schalen wegwerfen.

2. Das Öl in einem Topf mit schwerem Boden erhitzen. Die Chilischote, die Senfsamen und den Ingwer darin 1 Minute andünsten.

3. Das Auberginenfleisch und die restlichen Zutaten untermischen, dabei das Auberginenfleisch auflockern. Das Püree warm oder kalt servieren.

Scharfe Garnelen

2 Knoblauchzehen, zerdrückt
Saft und abgeriebene Schale von 1 Limone
1 große rote Chilischote, von Samen befreit und fein gehackt
400 g Garnelen, geschält, mit Schwänzen
1 EL Pflanzenöl
1 EL Honig
3 EL frisch gehackter Koriander

1 Den Knoblauch in einer Schüssel mit der Chilischote, Limonenschale und -saft verrühren. Die Garnelen untermischen und etwa 1 Stunde ziehen lassen.

2 Das Öl in einer Pfanne oder im Wok erhitzen. Die Garnelen mit einem Schaumlöffel aus der Marinade heben, in die Pfanne geben und 1–2 Minuten erhitzen, dabei die Pfanne laufend schwenken.

3 Die Marinade mit dem Honig und dem Koriander in die Pfanne gießen und heiß werden lassen. Die Garnelen in eine vorgewärmte Schüssel geben oder auf 4 Teller verteilen und sofort servieren.

PRO PORTION:

- ❍ Kalorien 116
- ❍ Eiweiß 18 g
- ❍ Kohlenhydrate 3 g
  Ballaststoffe 0 g
- ❍ Gesamtfettmenge 3 g
  Gesättigte Fettsäuren 0 g
- ❍ Natrium 780 mg

SERVIERVORSCHLAG
Die pikanten Garnelen schmecken auch köstlich, wenn Sie sie kalt mit Melonenwürfeln auf Partyspießen servieren. Die Schalen dann vorher entfernen.

Zubereitungszeit: 5 Minuten
Für 4 Personen

Foto rechts

Tomaten-Käse-Törtchen

250 g tiefgekühlter Blätterteig, aufgetaut
3 EL Pesto
4 Tomaten, in Scheiben geschnitten
125 g Brie, in Scheiben geschnitten
Salz und frisch gemahlener schwarzer Pfeffer
frisches Basilikum zum Garnieren

1 Den Backofen auf 200 °C (Gas Stufe 3–4) vorheizen. Den Blätterteig auf der leicht bemehlten Arbeitsfläche zu einem 23 x 28 cm großen Rechteck ausrollen und in 20 Quadrate zerteilen.

2 In die Mitte der Teigquadrate ein Häufchen Pesto setzen, darauf zuerst eine Tomatenscheibe und dann eine Scheibe Brie legen. Mit Salz und Pfeffer kräftig würzen.

3 Die Törtchen auf ein Backblech setzen und in 15 Minuten goldbraun backen. Mit Basilikum garnieren und servieren.

PRO PORTION:

- ❍ Kalorien 87
- ❍ Eiweiß 3 g
- ❍ Kohlenhydrate 5 g
  Ballaststoffe 0 g
- ❍ Gesamtfettmenge 6 g
  Gesättigte Fettsäuren 2 g
- ❍ Natrium 101 mg

TIPP
Teige enthalten relativ viel Fett. Verzichten Sie deshalb bei Pies und Tartes möglichst darauf, noch eine Teigdecke auf die Füllung zu setzen.

Zubereitungszeit: 30 Minuten
Ergibt 20 Stück

Fleischspiesschen mit Erdnuss-Sauce

DIESE SAFTIGEN FLEISCHSPIESSE MIT DER MILDWÜRZIGEN ERDNUSS-SAUCE EIGNEN SICH HERVORRAGEND FÜR STEHPARTYS ODER BÜFFETS.

200 g Hähnchenbrust, entbeint, enthäutet und in Streifen geschnitten
200 g Lendensteak, in Streifen geschnitten
2 Knoblauchzehen, zerdrückt
4 EL Sojasauce

Für die Erdnuss-Sauce
1 TL Olivenöl
1/2 Zwiebel, fein gehackt
1 EL mittelscharfe Currypaste
1 TL Chilipulver
6 EL Erdnussbutter
150 ml fettarme Milch

1. Die Fleischstücke abwechselnd auf kleine Holzspieße stecken und diese in eine Auflaufform legen. Die Form sollte nicht aus Metall sein.
2. Den Knoblauch mit der Sojasauce verrühren und über das Fleisch gießen. Das Fleisch 30 Minuten ziehen lassen.
3. Für die Sauce das Öl in einer beschichteten Pfanne erhitzen und die Zwiebeln darin 2 Minuten anbraten. Die Currypaste und das Chilipulver hinzufügen und 1 Minute braten. Die Erdnussbutter und die Milch dazugeben. Die Sauce erhitzen und in eine Schüssel umfüllen.
4. Die Fleischspieße unter den vorgeheizten Backofengrill schieben und 4–5 Minuten garen. Dabei gelegentlich wenden. Die Spieße auf einer Platte anrichten und mit der Sauce servieren.

✶ HAUPTZUTAT
Verwenden Sie eine fertige Currypaste aus dem Asienladen. So ersparen Sie sich das Anbraten der getrockneten Gewürze.

PRO PORTION:
- Kalorien 207
- Eiweiß 20 g
- Kohlenhydrate 4 g
  Ballaststoffe 1 g
- Gesamtfettmenge 12 g
  Gesättigte Fettsäuren 3 g
- Natrium 710 mg

TIPP
Die Erdnuss-Sauce passt auch gut zu vegetarischen Gerichten, etwa zu Gemüsespießen.

Zubereitungszeit: 15–20 Minuten
Marinierzeit: 30 Minuten
Für 6 Personen

Antipasti

MIT DIESER SCHNELL UND EINFACH ZUZUBEREITENDEN AUSWAHL KLEINER VORSPEISEN WERDEN SIE IHRE GÄSTE BEGEISTERN, UND JEDER KANN SICH SEIN LIEBLINGSHÄPPCHEN SELBST AUSSUCHEN.

eingelegte Paprikaschoten
Artischockenherzen
eingelegte Oliven
kalter Bratenaufschnitt
Mixedpickles
verschiedene Tomaten
Rollmops oder frisch gegrillte Sardellen
eingelegte Bohnen oder andere Hülsenfrüchte

- **Marinierte Paprikaschoten** 2–3 Paprikaschoten halbieren, die Kerne und Häutchen entfernen (*siehe Seite 71*). Die Hälften unter dem Backofengrill rösten, bis die Schale braun wird. Die Paprika 3–4 Minuten in einen Plastikbeutel geben, dann häuten und das Fruchtfleisch in Streifen schneiden. Mit etwas Öl beträufeln und mit gehacktem Knoblauch und frischen Kräutern bestreuen.

- **Artischockenherzen** Nehmen Sie am besten Fertigprodukte aus der Dose oder dem Glas, die Sie mit frischen Kräutern verfeinern.

- **Oliven** Eingelegte Oliven sind saftig und schmecken gut. Die Oliven mit etwas Oliven- oder Pflanzenöl, frischen Kräutern, 1–2 Knoblauchzehen und 1 roten Chilischote in einem Schraub- oder Einmachglas 2–3 Tage marinieren. Das Glas zwischendurch vorsichtig schütteln.

- **Bratenaufschnitt und Mixedpickles** Mischen Sie ein paar Scheiben Parmaschinken oder Salami unter das kalte Fleisch sowie Gewürzgurken und Perlzwiebeln unter die Mixedpickles.

- **Tomaten** Hier eignen sich getrocknete Tomaten und Kirschtomaten.

- **Hülsenfrüchte** Nehmen Sie eingelegte Bohnen oder andere Hülsenfrüchte aus der Dose ihrer Wahl. Diese abbrausen, abtropfen lassen, dann mit einem fettfreien Dressing anmachen und kräftig würzen.

- **Fettfreies Dressing** Dazu 150 ml Apfelsaft mit 2 Esslöffeln Weißweinessig, 1 Esslöffel Honig und 1 Esslöffel grobkörnigem Senf verrühren.

✶ HAUPTZUTAT
Frische Sardellen enthalten weniger Fett und Salz als Sardellen aus der Dose.

TIPP
Um Zeit zu sparen, sollten Sie Ihre Vorspeisen möglichst so zusammenstellen, dass Sie diese bereits am Vortag zubereiten können. Dann kurz bevor die Gäste kommen, nur noch anrichten und mit frischen Kräutern garnieren.

SERVIERVORSCHLAG
Einige der hier vorgeschlagenen Vorspeisen enthalten viel Fett, doch Ihre Gäste können bei der Auswahl selbst auf Ausgewogenheit achten. Rechnen Sie für jede Person 3 bis 4 Vorspeisen.

✶ HAUPTZUTAT
Getrocknete chinesische Eiernudeln eignen sich hervorragend für schnelle Gerichte.

PRO PORTION:

- ❍ Kalorien 438
- ❍ Eiweiß 30 g
- ❍ Kohlenhydrate 63 g
  Ballaststoffe 3 g
- ❍ Gesamtfettmenge 9 g
  Gesättigte Fettsäuren 2 g
- ❍ Natrium 947 mg

SERVIERVORSCHLAG
Eine schnell zubereitete, sättigende Mahlzeit erhalten Sie, wenn Sie die Nudeln mit Brot und Blattsalat servieren.

Zubereitungszeit: 20 Minuten
Für 3 Personen

CHINESISCHE NUDELN MIT HÄHNCHENFLEISCH

PFANNENGERÜHRTES IST BESONDERS GESUND, DENN SIE BENÖTIGEN NUR WENIG FETT, UND DURCH DIE KURZE GARZEIT BLEIBEN DIE VITAMINE WEITGEHEND ERHALTEN.

1 EL Sesamöl
1 Hähnchenbrust (etwa 125 g), entbeint, enthäutet und in feine Streifen geschnitten
1 Bund Frühlingszwiebeln, in Ringe geschnitten
100 g Zuckerschoten, geputzt und halbiert
1 rote Chilischote, von Samen befreit und fein gehackt
2 EL dunkle Sojasauce
75 g gekochter Schinken, gehackt
250 g getrocknete chinesische Eiernudeln
2 EL frisch gehackter Koriander

1. Das Öl in einer beschichteten Pfanne oder im Wok erhitzen und das Fleisch darin 2–3 Minuten unter Rühren anbraten.

2. Frühlingszwiebeln, Zuckerschoten und Chili dazugeben und 2 Minuten unter Rühren braten. Sojasauce und Schinken untermischen.

3. Die Nudeln in einem großen Topf mit kochendem Wasser bei schwacher Hitze 3–4 Minuten köcheln lassen. Anschließend gut abtropfen lassen.

4. Die Nudeln mit dem Fleisch und dem Koriander vermengen und in einer vorgewärmten Schüssel anrichten.

SNACKS

Auch die kleinen Zwischenmahlzeiten sollten Sie immer mit stärkehaltigen Zutaten wie Brot, Reis, Nudeln und Kartoffeln kombinieren. Eine Auswahl besonders leckerer Snacks stellen wir Ihnen im folgenden Kapitel vor.

Nudeln mit Makrele

PRO PORTION:
- Kalorien 385
- Eiweiß 15 g
- Kohlenhydrate 50 g
  Ballaststoffe 3 g
- Gesamtfettmenge 15 g
  Gesättigte Fettsäuren 4 g
- Natrium 266 mg

TIPP
Die stärkehaltigen Nudeln eignen sich als Grundlage für viele Gerichte, denn sie haben einen niedrigen glykämischen Index (*siehe Seite 17*) und helfen, den Blutzuckerspiegel konstant zu halten.

Zubereitungszeit: 25 Minuten
Für 6 Personen

375 g Nudeln
1 TL Öl
1 Zwiebel, in Ringe geschnitten
275 g gemischte Pilze, in Scheiben geschnitten
2 geräucherte Pfeffermakrelenfilets (à etwa 90 g), enthäutet und klein gezupft
6 EL Schmand
2 EL frisch gehackte Kräuter
Salz und frisch gemahlener schwarzer Pfeffer

1. Die Nudeln in reichlich kochendem Wasser in 8–10 Minuten bissfest garen.
2. Das Öl in einer beschichteten Pfanne erhitzen und die Zwiebeln darin 2–3 Minuten dünsten. Die Pilze dazugeben und 3 Minuten mitbraten.
3. Die Nudeln abgießen, wieder in den Topf geben und die Pilzmischung, die Makrelen, den Schmand und die Kräuter untermengen. Kräftig abschmecken und noch einmal erhitzen. Die Nudeln in eine vorgewärmte Schüssel füllen und sofort servieren.

Pikante Krabbenküchlein

PRO PORTION:
- Kalorien 181
- Eiweiß 17 g
- Kohlenhydrate 24 g
  Ballaststoffe 1 g
- Gesamtfettmenge 3 g
  Gesättigte Fettsäuren 1 g
- Natrium 473 mg

TIPP
Dosenfisch hat den gleichen Nährwertgehalt wie frischer Fisch. Achten Sie bei Dosenprodukten aber auf den Salz- und Ölgehalt.

Zubereitungszeit: 25–30 Minuten
Für 6 Personen

Foto Seite 28–29

375 g Krabbenfleisch, frisch oder aus der Dose
250 g Kartoffeln, geschält, gekocht und zerdrückt
1 EL grüne thailändische Currypaste
3 EL frisch gehackter Koriander
1 Bund Frühlingszwiebeln, in dünne Ringe geschnitten
Saft und Schale von 1/2 Zitrone
Mehl zum Wenden
2 Eier, verquirlt
150 g Semmelbrösel, 3 EL Öl

1. Das Krabbenfleisch mit Kartoffeln, Currypaste, Koriander, Frühlingszwiebeln, Zitronensaft und -schale vermischen.
2. Daraus 18 etwa 1 cm dicke Küchlein formen. Diese zunächst im Mehl, dann im Ei und in den Semmelbröseln wenden.
3. Das Öl in einer beschichteten Pfanne erhitzen und die Küchlein portionsweise bei mittlerer Hitze auf beiden Seiten goldbraun backen. Auf Küchenpapier abtropfen lassen und heiß servieren.

Risotto mit Tomaten und Kräutern

✶ **HAUPTZUTAT**
Zwar haben alle Reissorten in etwa den gleichen Nährstoffgehalt, doch Vollkornreis ist ballaststoffreicher als die übrigen Sorten.

PRO PORTION:

- Kalorien 179
- Eiweiß 6 g
- Kohlenhydrate 20 g
  Ballaststoffe 1 g
- Gesamtfettmenge 7 g
  Gesättigte Fettsäuren 20 g
- Natrium 181 mg

TIPP
Parmesan hat zwar einen hohen Fettgehalt, doch da er sehr geschmacksintensiv ist und sich besonders fein reiben lässt, benötigen Sie auch nur geringe Mengen.

Zubereitungszeit: 35–40 Minuten
Für 4 Personen

STÄRKEHALTIGE LEBENSMITTEL WIE REIS EIGNEN SICH GUT ALS GRUNDBESTANDTEIL DER MAHLZEITEN. DAZU PASST BLATTSALAT.

1 TL Olivenöl
1 kleine Zwiebel, fein gehackt
2 Knoblauchzehen, zerdrückt
375 g Risottoreis
150 ml trockener Weißwein
1,2 l kochende Gemüsebrühe
275 g Kirschtomaten, halbiert
4 getrocknete Tomaten, gehackt
3 EL Tomatenmark
3 EL frisch geriebener Parmesan
4 EL frisch gehackte Kräuter, z. B. Petersilie, Rosmarin und Basilikum
Salz und frisch gemahlener schwarzer Pfeffer

1. Das Öl in einer großen beschichteten Pfanne erhitzen. Zwiebeln und Knoblauch darin 2 Minuten unter Rühren andünsten. Den Reis unterrühren, bis er mit dem Öl überzogen ist. Den Wein angießen und aufkochen lassen. Den Reis bei schwacher Hitze köcheln lassen, bis er die Flüssigkeit vollständig aufgesogen hat.

2. Eine Kelle Brühe angießen und den Reis unter Rühren köcheln lassen, bis er die Flüssigkeit aufgesogen hat. Den Vorgang so lange wiederholen, bis die Brühe aufgebraucht ist. Mit der letzten Kelle die Tomaten und das Tomatenpüree hinzufügen.

3. Parmesan und Kräuter untermischen, abschmecken und servieren.

Varianten

Pilzrisotto 500 g frische gemischte Pilze in 1 Esslöffel Olivenöl weich dünsten und anstelle der getrockneten Tomaten und des Tomatenmarks unter den Reis heben.

Gemüserisotto 300 g gemischtes junges Gemüse, zum Beispiel Erbsen, Spargel und grüne Bohnen, putzen und blanchieren und anstelle der getrockneten Tomaten und des Tomatenmarks mit der letzten Kelle Brühe unter den Reis mischen.

Frühlingsrollen mit Chili-Koriander-Dip

DURCH DAS FRITTIEREN HABEN FRÜHLINGSROLLEN IN DER REGEL EINEN HOHEN FETTGEHALT. DESHALB WERDEN DIESE ROLLEN NUR LEICHT MIT ÖL BEPINSELT UND GEBACKEN.

100 g getrocknete chinesische Eiernudeln
3 EL Olivenöl
2 Knoblauchzehen, zerdrückt
2 Hähnchenbrüste (à etwa 125 g), entbeint, enthäutet und in feine Streifen geschnitten
6–8 Frühlingszwiebeln, in dünne Ringe geschnitten
1 große Möhre, geraspelt
125 g Bohnensprossen
1 TL Chiliflocken
20 Teigblätter für Frühlingsrollen
2 Eier, verquirlt

Für den Dip
2 EL Honig
2 EL Chilisauce
2 EL frisch gehackter Koriander

1. Die Nudeln in reichlich kochendem Wasser in 3–4 Minuten garen, gut abtropfen lassen und in 5 cm lange Stücke teilen.

2. 1 Teelöffel Öl in einer Pfanne erhitzen und den Knoblauch darin 1 Minute anbraten. Das Fleisch hinzufügen und 3 Minuten braten. Das Gemüse und die Chiliflocken dazugeben und 1 Minute garen.

3. Den Backofen auf 200 °C (Gas Stufe 3–4) vorheizen. Den Teig auf einer Seite mit dem Ei bestreichen, etwas Füllung darauf geben und die Teigblätter aufrollen. Darauf achten, dass die Füllung nicht herausquillt. Mit etwas Öl bepinseln, auf ein Backblech legen und im Ofen 10–12 Minuten backen.

4. Die Zutaten für den Dip in einer kleinen Schüssel verrühren und den Dip zu den Frühlingsrollen reichen.

✶ HAUPTZUTAT
Teigblätter für Frühlingsrollen sind in Supermärkten und chinesischen Lebensmittelgeschäften erhältlich. Ersatzweise können Sie auch Filo-Teigblätter verwenden.

PRO PORTION:

- Kalorien 60
- Eiweiß 5 g
- Kohlenhydrate 5 g
  Ballaststoffe 0 g
- Gesamtfettmenge 2 g
  Gesättigte Fettsäuren 0 g
- Natrium 17 mg

TIPP
Der Blutzuckerspiegel (*siehe Seite 17*) wird nicht beeinträchtigt, wenn Sie Zutaten mit hohem Zuckergehalt, wie etwa Honig, in salzigen Saucen verarbeiten.

Zubereitungszeit: 45 Minuten
Ergibt 20 Stück

✶ HAUPTZUTAT
Kirschtomaten sind reich an Flavonoiden, die antioxidativ wirken und den Körper vor chronischen Herz-Kreislauf-Erkrankungen schützen.

PRO PORTION:

- ❍ Kalorien 170
- ❍ Eiweiß 3 g
- ❍ Kohlenhydrate 18 g
  Ballaststoffe 3 g
- ❍ Gesamtfettmenge 10 g
  Gesättigte Fettsäuren 2 g
- ❍ Natrium 13 mg

Zubereitungszeit: 20–25 Minuten
Für 4 Personen

Pikante Kartoffelecken

3 große Kartoffeln, gewaschen und in Spalten zerteilt
1 EL Öl
1 EL Paprikapulver

Für die Guacamole
1 Avocado, geschält und grob zerdrückt
1/2 Chilischote, von Samen befreit und fein gehackt
Saft und abgeriebene Schale von 1 Limone
2 EL frisch gehackter Koriander
Salz und frisch gemahlener schwarzer Pfeffer

Für die Tomatensalsa
125 g Kirschtomaten, grob gehackt
1/2 kleine rote Zwiebel, gehackt
1 EL frisch gehackte Petersilie

1. Die Kartoffeln 5 Minuten garen und abtropfen lassen.
2. Die Kartoffeln in Öl und Paprika wenden, auf ein mit Alufolie ausgelegtes Backblech legen und 4–5 Minuten unter dem heißen Backofengrill goldbraun und knusprig backen.
3. Die Zutaten für die Sauce in zwei getrennten Schüsseln verrühren und die Dips zu den Kartoffeln reichen.

PRO PORTION:

- ❍ Kalorien 135
- ❍ Eiweiß 13 g
- ❍ Kohlenhydrate 22 g
  Ballaststoffe 0 g
- ❍ Gesamtfettmenge 9 g
  Gesättigte Fettsäuren 3 g
- ❍ Natrium 430 mg

SERVIERVORSCHLAG
Statt Brötchen können Sie auch Baguette verwenden.

Zubereitungszeit: 10 Minuten
Für 2 Personen

Brötchen mit Ei und Parmaschinken

2 Brötchen halbiert
2 Scheiben Parmaschinken (oder anderer magerer Schinken)
1 Tomate, in Scheiben geschnitten
2 Eier
Salz und frisch gemahlener schwarzer Pfeffer

1. Die Brötchenhälften auf beiden Seiten rösten.
2. Je 2 Hälften mit Parmaschinken und Tomate belegen. Die Eier hart kochen und die beiden restlichen Hälften damit belegen. Kräftig würzen, die Brötchenhälften aufeinander setzen und servieren.

Tartelettes mit Räucherlachs

275 g Mürbteig
125 g Räucherlachs, grob gehackt
200 g Schmand
3 Eier, verquirlt
2 EL frisch gehackter Schnittlauch
1 EL grobkörniger Senf
Salz und frisch gemahlener schwarzer Pfeffer

1 Den Backofen auf 200 °C (Gas Stufe 3–4) vorheizen. Den Teig ausrollen und 8 Tarteletteförmchen (Ø 7cm) damit auskleiden. Den Teig mit Pergamentpapier abdecken, mit getrockneten Bohnenkernen beschweren und 10 Minuten blind backen. Die Förmchen aus dem Ofen nehmen, Papier und Bohnen entfernen.

2 Die restlichen Zutaten vermischen. Die Masse auf die Tartellettes geben und im Ofen in 12–15 Minuten goldbraun backen.

PRO PORTION:

- Kalorien 248
- Eiweiß 10 g
- Kohlenhydrate 17 g
  Ballaststoffe 1 g
- Gesamtfettmenge 16 g
  Gesättigte Fettsäuren 6 g
- Natrium 473 mg

SERVIERVORSCHLAG
Reichen Sie die Törtchen mit grünem Salat als Vorspeise. Mit reichlich Brot erhalten Sie eine sättigende Mahlzeit.

Zubereitungszeit: 45–50 Minuten
Ergibt 8 Stück

Foto rechts

Paprikaschoten mit Nudelfüllung

4 rote Paprikaschoten, halbiert und von Kernen und Häutchen befreit (siehe Seite 71)
125 g kleine Nudeln, z. B. Makkaroni, gekocht und abgetropft
4 Tomaten, grob gehackt
100 g Ziegenkäse, zerkrümelt
4 Frühlingszwiebeln, gehackt
3 EL frisch gehackte Petersilie
Salz und frisch gemahlener schwarzer Pfeffer
1 EL Pflanzenöl

1 Den Backofen auf 200 °C (Gas Stufe 3–4) vorheizen. Die Paprika mit der Schnittfläche nach oben auf einem Backblech 15 Minuten rösten.

2 Die übrigen Zutaten, bis auf das Öl, vermischen, alles salzen und pfeffern. Die Paprikaschoten damit füllen.

3 Mit etwas Öl beträufeln und im Ofen in 15–20 Minuten fertig garen.

PRO PORTION:

- Kalorien 248
- Eiweiß 9 g
- Kohlenhydrate 36 g
  Ballaststoffe 4 g
- Gesamtfettmenge 8 g
  Gesättigte Fettsäuren 3 g
- Natrium 134 mg

TIPP
Rote Paprikaschoten sind reich an Beta-Karotin, einem Antioxidans, das der Körper in Vitamin A umwandelt.

Zubereitungszeit: 45–50 Minuten
Für 4 Personen

✶ HAUPTZUTAT
Pittabrot ist ein stärkehaltiges Lebensmittel. Es eignet sich nicht nur zum Füllen, sondern Sie können es auch in Streifen schneiden und einen Dip dazu reichen.

PRO PORTION:

- Kalorien 334
- Eiweiß 30 g
- Kohlenhydrate 47 g
  Ballaststoffe 2 g
- Gesamtfettmenge 4 g
  Gesättigte Fettsäuren 1 g
- Natrium 571 mg

TIPP
Die Füllung können Sie auch im Voraus zubereiten. Die Brote sollten Sie allerdings erst kurz vor dem Servieren füllen.

Zubereitungszeit: 16–18 Minuten
Für 4 Personen

Foto Seite 24

GEFÜLLTE PITTABROTE

PITTABROT IST VIELSEITIG VERWENDBAR. MIT DIESER LECKEREN FÜLLUNG EIGNET ES SICH HERVORRAGEND FÜR LUNCHPAKETE UND PICKNICKS.

2 EL mittelscharfe Currypaste
6 EL Joghurt
2 Hähnchenbrüste (à etwa 125 g), entbeint, enthäutet und in Würfel geschnitten

FÜR DIE RAITA
4 EL Joghurt
2 EL frisch gehackte Minze
1 EL frisch gehackte Petersilie
1/4 Salatgurke, geraspelt
4 Pittabrote
Salatblätter

1. Die Currypaste in einer Schüssel mit dem Joghurt verrühren. Die Fleischwürfel darin wenden und mindestens 30 Minuten ziehen lassen.
2. Die Zutaten für die Raita vermengen.
3. Die Fleischwürfel auf einem mit Alufolie ausgelegten Backblech 5–6 Minuten unter dem heißen Backofengrill grillen.
4. Die Pittabrote mit Wasser besprenkeln und in 1–2 Minuten goldbraun rösten. Tief einschneiden und mit Salatblättern, Fleisch und etwas Raita füllen.

VARIANTEN
Pittataschen mit Gemüsefüllung Die Pittabrote mit Salatblättern auskleiden und zu gleichen Anteilen mit gehackter Gurke, gehackten Tomaten, Feta und entsteinten schwarzen Oliven füllen.

Pittataschen mit Pesto 180 g fettarmen Schmelzkäse mit 6 Teelöffeln Pesto vermengen. Die Masse auf die Pittabrote streichen, etwas Brunnenkresse und einige rote Paprikastreifen darauf verteilen.

PRO PORTION:

- Kalorien 354
- Eiweiß 21 g
- Kohlenhydrate 37 g
  Ballaststoffe 9 g
- Gesamtfettmenge 14 g
  Gesättigte Fettsäuren 4 g
- Natrium 657 mg

TIPP

Würste, zum Beispiel Chorizo, haben einen hohen Fett- und Salzgehalt, doch in kleinen Mengen verleihen sie Gerichten aus Hülsenfrüchten mehr Biss und Geschmack.

Zubereitungszeit: 18 Minuten
Für 3 Personen

Pikanter Kichererbseneintopf

1 TL Olivenöl
1 Zwiebel, in Ringe geschnitten
1 Knoblauchzehe, zerdrückt
1 TL scharfes Chilipulver
100 g pikante Wurst, z. B. Chorizo, in Scheiben geschnitten
2 Dosen Kichererbsen (à 400 g), abgebraust und abgetropft
200 g Tomaten aus der Dose mit Saft
1 EL Tomatenmark
2 EL frisch gehackte Petersilie
Salz und frisch gemahlener schwarzer Pfeffer

1. Das Öl in einem mittelgroßen Topf erhitzen und Zwiebeln, Knoblauch, Chili und Wurst darin 2 Minuten anbraten.

2. Die restlichen Zutaten untermischen und zum Kochen bringen. Den Eintopf bei schwacher Hitze 5 Minuten köcheln lassen. Abschmecken und in einer vorgewärmten Schüssel servieren.

PRO PORTION:

- Kalorien 241
- Eiweiß 13 g
- Kohlenhydrate 25 g
  Ballaststoffe 3 g
- Gesamtfettmenge 10 g
  Gesättigte Fettsäuren 3 g
- Natrium 163 mg

TIPP

Eier haben einen hohen Cholesteringehalt und sind gute Eisen- und Eiweißlieferanten.

Zubereitungszeit: 20–25 Minuten
Für 4 Personen als leichtes Mittag- oder Abendessen, für 8 Personen als Vorspeise.

Spinattortilla

500 g Kartoffeln, in Scheiben geschnitten
1 EL Olivenöl
1 Zwiebel, in Ringe geschnitten
200 g junger Spinat
3 Eier, verquirlt
3 EL frisch geriebener Parmesan
1/4 TL geriebene Muskatnuss
Salz und frisch gemahlener schwarzer Pfeffer

1. Die Kartoffeln 5 Minuten in kochendem Wasser garen, bis sie fast weich sind. Dann abtropfen lassen.

2. Das Öl in einer beschichteten Pfanne erhitzen und die Zwiebeln darin 2–3 Minuten andünsten. Den Spinat dazugeben und unter Rühren garen, bis er zusammengefallen und die Flüssigkeit vollständig verdunstet ist. Die Kartoffelscheiben hinzufügen und alles vermischen.

3. Die restlichen Zutaten verrühren und in die Pfanne gießen. Die Tortilla bei schwacher Hitze garen, bis sie fast fest ist. Dann 1–2 Minuten unter dem heißen Backofengrill stocken lassen, bis sie eine goldbraune Kruste hat.

Pizza Vier Jahreszeiten

✶ HAUPTZUTAT
Wenn Sie für ein Gericht besonders aromatische frische oder getrocknete Kräuter wie etwa Oregano verwenden, benötigen Sie weniger Salz.

PRO PORTION:

- Kalorien 276
- Eiweiß 10 g
- Kohlenhydrate 40 g
- Ballaststoffe 3 g
  Gesamtfettmenge 9 g
- Gesättigte Fettsäuren 2 g
- Natrium 487 mg

SERVIERVORSCHLAG
Servieren Sie die Pizza mit einer großen Portion Blatt- oder einem sättigenderen Gemüsesalat.

Zubereitungszeit: 40 Minuten
Gehzeit: 30 Minuten
Für 4 Personen

Für den Boden
180 g Mehl
1 Prise Salz
1 Päckchen Trockenhefe
150 ml warmes Wasser
1 EL Olivenöl

Für den Belag
1 EL Olivenöl
1 Zwiebel, in Ringe geschnitten
2 Knoblauchzehen, zerdrückt
1 EL frisch gehackter Oregano
1 Dose Tomaten (400 g), gehackt
1 EL Tomatenmark
45 g schwarze Oliven
200 g Artischockenherzen aus der Dose, abgetropft und halbiert
2 Scheiben Parmaschinken, grob gehackt
3 Scheiben Salami, gehackt
1/2 rote Paprikaschote, von Kernen und Häutchen befreit (siehe Seite 71) und in Streifen geschnitten

1. Für den Teig das Mehl in einer großen Schüssel mit dem Salz und der Hefe mischen. In die Mitte eine Mulde drücken, das Wasser und das Öl hineingießen und alles vorsichtig miteinander vermengen.

2. Den Teig 5–6 Minuten auf der leicht bemehlten Arbeitsfläche durchkneten, bis er glatt und elastisch ist. Auf ein sauberes gefettetes Backblech legen, mit einem feuchten Geschirrtuch zudecken und 30 Minuten an einem warmen Ort gehen lassen, bis er sich fast verdoppelt hat.

3. Den Teig kneten, etwa 25 cm groß ausrollen und auf das Blech legen. Den Backofen auf 220 °C (Gas Stufe 4–5) vorheizen.

4. Das Öl, bis auf einen kleinen Rest, in einer beschichteten Pfanne erhitzen. Zwiebeln und Knoblauch darin 2 Minuten andünsten. Oregano, Tomaten und Tomatenmark hinzufügen und aufkochen. Bei schwacher Hitze 10 Minuten köcheln lassen, bis sie eingedickt ist.

5. Den Pizzaboden mit dem restlichen Öl bepinseln, mit der Tomatensauce bestreichen und die übrigen Zutaten darauf verteilen. Die Pizza im Backofen (unten) in 15–20 Minuten goldbraun backen.

Varianten

Klassische Pizza Fügen Sie noch etwas möglichst fettarmen Käse, zum Beispiel Cheddar oder Mozzarella, hinzu.

Mini-Pizzas Ideal für Kinder sind kleine »Mini-Pizzas«. Dazu den Belag auf halbierten Baguettes oder Brötchen verteilen und unter dem heißen Backofengrill überbacken.

Rösti mit Pilzragout

PRO PORTION:

- ❍ Kalorien 210
- ❍ Eiweiß 7 g
- ❍ Kohlenhydrate 25 g
  Ballaststoffe 4 g
- ❍ Gesamtfettmenge 9 g
  Gesättigte Fettsäuren 2 g
- ❍ Natrium 40 mg

TIPP
Um den Fettgehalt niedrig zu halten, sollten Sie zum Braten der Rösti wenig Öl verwenden.

Zubereitungszeit: 25–33 Minuten
Für 4 Personen

500 g große Kartoffeln, gewaschen
1 Ei, verquirlt
1 Zwiebel, gehackt
1 EL Mehl
2 EL Olivenöl
2 Knoblauchzehen, zerdrückt
500 g gemischte Pilze (möglichst auch Waldpilze)
3 EL frisch gehackte Petersilie
3 EL saure Sahne
Salz und frisch gemahlener schwarzer Pfeffer

1. Die ungeschälten Kartoffeln in 10–15 Minuten garen, bis sie fast weich sind. Abtropfen lassen und pellen. Die Kartoffeln reiben. Ei, Zwiebeln und Mehl untermischen und kräftig abschmecken.

2. Aus dem Teig 8 Bällchen formen und diese zu etwa 7 cm großen Küchlein zusammendrücken.

3. 1 Esslöffel Öl in einer beschichteten Pfanne erhitzen und die Küchlein in zwei Portionen beidseitig 3–4 Minuten bei starker Hitze goldbraun und knusprig braten, dann warm stellen.

4. Das restliche Öl in einem Topf erhitzen. Den Knoblauch und die Pilze darin 3–4 Minuten anbraten. Die Petersilie und die saure Sahne untermischen, abschmecken, das Ragout noch einmal heiß werden lassen und auf den Rösti verteilen.

Variante
Rösti aus Wurzelgemüse Die Rösti können Sie auch aus verschiedenen Wurzelgemüsen, zum Beispiel Kartoffeln, Pastinaken, Möhren und Knollensellerie, zubereiten.

Saftiges Steaksandwich

PRO PORTION:

- ❍ Kalorien 540
- ❍ Eiweiß 45 g
- ❍ Kohlenhydrate 67 g
  Ballaststoffe 3 g
- ❍ Gesamtfettmenge 11 g
  Gesättigte Fettsäuren 5 g
- ❍ Natrium 765 mg

Zubereitungszeit: 10 Minuten
Für 1 Person

1 Lendensteak (etwa 125 g)
1/2 Zwiebel, in Ringe geschnitten
45 g Champignons in Scheiben
1/4 Baguette, halbiert
1 große Hand voll Rucola
Salz und schwarzer Pfeffer

1. Eine Grillpfanne oder eine beschichtete Pfanne erhitzen und das Steak bei starker Hitze darin 1–2 Minuten anbraten. Die Zwiebeln und die Champignons hinzufügen und das Steak nach Belieben fertig braten.

2. Eine Brothälfte mit Steak, Zwiebeln, Pilzen und Rucola belegen, kräftig salzen und pfeffern und die zweite Hälfte darauf setzen.

Brötchen mit Kräutersahne

2 Scheiben magerer Hinterschinken
1 Bagel oder Brötchen, halbiert
1 Tomate, in Scheiben geschnitten
1 Hand voll Salatblätter
1 EL saure Sahne
1 EL gemischte, frisch gehackte Kräuter, z. B. Schnittlauch, Koriander und Petersilie
Salz und frisch gemahlener schwarzer Pfeffer

1. Den Schinken unter dem heißen Backofengrill knusprig braten.
2. Die Brötchenhälften auf beiden Seiten rösten.
3. Die untere Hälfte mit Schinken, Tomate und Salatblättern belegen.
4. Die Kräuter unter die saure Sahne rühren, salzen und pfeffern und die Sauce auf den belegten Brötchenhälften verteilen. Die zweite Hälfte obenauf setzen.

PRO PORTION:

- Kalorien 317
- Eiweiß 20 g
- Kohlenhydrate 37 g
  Ballaststoffe 2 g
- Gesamtfettmenge 11 g
  Gesättigte Fettsäuren 5 g
- Natrium 1321 mg

TIPP
Um den Fettgehalt zu verringern, sollten Sie möglichst mageren Schinken verwenden und ihn gut grillen.

Zubereitungszeit: 10 Minuten
Für 1 Person

Foto Seite 27

Bohnensalat mit Lammfleisch

1 Lammfilet (etwa 300 g), von Fett befreit
2 EL gemischte Pefferkörner, grob zerstoßen
2 EL Olivenöl
1 Knoblauchzehe, gehackt
1 rote Zwiebel, in Spalten zerteilt
400 g Pimientos aus der Dose, abgetropft und in Ringe geschnitten
400 g grüne Bohnenkerne aus der Dose, abgebraust und abgetropft
2 EL Balsamico-Essig
frische Kräuter zum Garnieren (nach Belieben)

1. Das Fleisch im Pfeffer wälzen, bis es gut damit überzogen ist.
2. Das Öl in einer beschichteten Pfanne erhitzen und das Fleisch darin 5–6 Minuten bei starker Hitze nach Belieben braten.
3. Das Fleisch aus der Pfanne nehmen und zur Seite stellen.
4. Knoblauch und Zwiebeln 2–3 Minuten in derselben Pfanne andünsten. Die Pimientos, die Bohnen und den Essig hinzufügen und heiß werden lassen.
5. Den Bohnensalat in eine vorgewärmte Schüssel geben. Das Fleisch in Scheiben schneiden und auf dem Salat anrichten. Eventuell mit frischen Kräutern garnieren.

✶ HAUPTZUTAT
Hülsenfrüchte wie grüne Bohnenkerne sind reich an Eiweiß und unlöslichen Ballaststoffen.

PRO PORTION:

- Kalorien 387
- Eiweiß 28 g
- Kohlenhydrate 28 g
  Ballaststoffe 9 g
- Gesamtfettmenge 17 g
  Gesättigte Fettsäuren 7 g
- Natrium 519 mg

Zubereitungszeit: 25–27 Minuten
Für 3 Personen

✶ HAUPTZUTAT
Mangos sind reich an Beta-Karotin, einem Antioxidans, das der Körper in Vitamin A umwandelt.

PRO PORTION:

- ❍ Kalorien 203
- ❍ Eiweiß 22 g
- ❍ Kohlenhydrate 6 g
  Ballaststoffe 1 g
- ❍ Gesamtfettmenge 10 g
  Gesättigte Fettsäuren 3 g
- ❍ Natrium 125 mg

TIPP
Entenfleisch ist reich an gesättigten Fettsäuren. Deshalb sollten Sie vor dem Garen stets die Haut und sämtliches Fett entfernen.

Zubereitungszeit: 20–22 Minuten
Für 4 Personen

Gebratene Entenbrust mit Mangosalsa

DIESES SAFTIGE, EXOTISCHE GERICHT EIGNET SICH HERVORRAGEND FÜR EINE ABENDEINLADUNG. DAZU SERVIEREN SIE AM BESTEN KARTOFFELN, REIS ODER NUDELN UND REICHLICH GEMÜSE.

4 Entenbrüste (à etwa 150 g), enthäutet und vom Fett befreit
2 Knoblauchzehen, in feine Scheiben geschnitten
1 EL Paprikapulver
1 EL Olivenöl

Für die Salsa
1 große Mango, geschält, entsteint und fein gehackt
1 rote Chilischote, von Samen befreit und fein gehackt
Saft und abgeriebene Schale von 1 Limone
2 EL frisch gehackter Koriander
1 Bund Frühlingszwiebeln, in Ringe geschnitten
Salz und frisch gemahlener schwarzer Pfeffer

1. Die Entenbrüste zwei- oder dreimal einschneiden und in jeden Schlitz eine Knoblauchscheibe stecken. Dann mit Paprika einreiben.
2. Das Öl in einer beschichteten Pfanne erhitzen und das Fleisch darin bei mittlerer Hitze auf jeder Seite 5–6 Minuten braten, bis es gar ist.
3. Die Zutaten für die Salsa vermischen, kräftig salzen und pfeffern.
4. Die Entenbrüste mit der Salsa servieren.

HAUPTGERICHTE

Zu einer gesunden Ernährung gehören stärkehaltige Lebensmittel. Fleisch ist nicht mehr wichtigster Bestandteil. Diese Rezepte zeigen, wie Sie Fleisch und Gemüse mit stärkehaltigen Lebensmitteln kombinieren können.

Hähnchenbrust mit Pilzen und Senfsauce

DAMIT IHNEN NICHTS VON DER PIKANTEN, SAHNIGEN SAUCE VERLOREN GEHT, SERVIEREN SIE DIESES GERICHT AM BESTEN MIT REICHLICH VOLLKORNREIS UND BLATTSALAT.

15 g getrocknete Pilze, z. B. Steinpilze
6 EL kochendes Wasser
1 EL Olivenöl
4 Hähnchenbrüste (à etwa 150 g), entbeint und enthäutet
1 kleine Zwiebel, fein gehackt
200 g Maronenröhrlinge, in Scheiben geschnitten
200 g Schmand
1 EL grobkörniger Senf
Salz und frisch gemahlener schwarzer Pfeffer

1. Die getrockneten Pilze in eine kleine Schüssel geben, mit dem kochendem Wasser bedecken und 15 Minuten einweichen.

2. Die Hälfte des Öls in einer beschichteten Pfanne erhitzen und die Hähnchenbrüste bei mittlerer Hitze auf beiden Seiten 5–6 Minuten braten, bis sie gar sind. Das Fleisch auf einer vorgewärmten Platte anrichten und warm stellen.

3. Die Zwiebeln 2 Minuten in dem restlichen Öl andünsten. Die frischen Pilze dazugeben und 3 Minuten mitbraten.

4. Die getrockneten Pilze abtropfen lassen; das Einweichwasser aufheben. Die Pilze in Scheiben schneiden und mit dem Wasser in die Pfanne geben. Zum Kochen bringen und die Flüssigkeit bei mittlerer Hitze auf die Hälfte reduzieren.

5. Den Schmand und den Senf einrühren und noch einmal aufkochen lassen. Die Pilze bei schwacher Hitze 2 Minuten köcheln lassen. Mit Salz und Pfeffer abschmecken, das Fleisch mit der Sauce begießen und sofort servieren.

✶ HAUPTZUTAT
Hähnchenfleisch ist besonders eiweißreich. Um Fett einzusparen, sollten Sie die Haut und das Fett möglichst vollständig entfernen.

PRO PORTION:

- Kalorien 288
- Eiweiß 44 g
- Kohlenhydrate 4 g
  Ballaststoffe 1 g
- Gesamtfettmenge 10 g
  Gesättigte Fettsäuren 4 g
- Natrium 85 mg

TIPP
Bereiten Sie dieses Gericht auch einmal mit anderen frischen und getrockneten Pilzen zu. Sie sind kalorienarm und enthalten Kalium, Niacin und Eisen.

Zubereitungszeit: 25 Minuten
Für 4 Personen

Hähnchenbrust mit Spinat-Ricotta-Füllung

✶ HAUPTZUTAT
Spinat ist reich an Vitamin C und Eisen. Anstelle von frischem Spinat können Sie auch tiefgefrorenen verwenden. Er hat den gleichen Nährstoffgehalt.

PRO PORTION:

- ❍ Kalorien 320
- ❍ Eiweiß 47 g
- ❍ Kohlenhydrate 1 g
  Ballaststoffe 1 g
- ❍ Gesamtfettmenge 14 g
  Gesättigte Fettsäuren 5 g
- ❍ Natrium 126 mg

SERVIERVORSCHLAG
Servieren Sie das Gericht mit kohlenhydratreichen Nahrungsmitteln, etwa Kartoffeln, Reis oder Nudeln, und einer großen Portion Gemüse.

Zubereitungszeit: 50–55 Minuten
Für 4 Personen

4 Hähnchenbrüste (à etwa 150 g), entbeint und enthäutet
2 EL Pflanzenöl
1 kleine Zwiebel, in dünne Ringe geschnitten
1/4 TL geriebene Muskatnuss
125 g Spinat, gewaschen, abgetropft und grob gehackt
Salz und frisch gemahlener schwarzer Pfeffer
200 g Ricotta
150 ml Hühnerbrühe

1. Die Hähnchenbrüste einschneiden, so dass eine Tasche entsteht.

2. Die Hälfte des Öls in einer beschichteten Pfanne erhitzen und die Zwiebelringe darin 2–3 Minuten dünsten. Spinat und Muskat dazugeben und 3–4 Minuten garen, bis die Flüssigkeit vollständig verdunstet ist. Kräftig salzen und pfeffern und den Ricotta untermischen.

3. Die Hähnchenbrüste mit der Spinatmischung füllen und mit Holzspießchen zustecken (*siehe Abbildung unten*). Den Backofen auf 200 °C (*Gas Stufe 3–4*) vorheizen.

4. Das restliche Öl in einer Pfanne erhitzen und das Fleisch auf beiden Seiten braten. Das Fleisch in eine feuerfeste Form geben, die Brühe angießen und die Hähnchenbrüste im Ofen 25–30 Minuten fertig garen.

HÄHNCHENBRUST FÜLLEN

1 Die Fleischtasche aufklappen und ein Viertel der Spinatfüllung gleichmäßig auf der unteren Hälfte verteilen.

2 Die obere Hälfte über die Füllung klappen und die Tasche mit Holzspießchen verschließen.

Nudelauflauf mit Hähnchenfleisch und Gemüse

EINE BESONDERS SÄTTIGENDE MAHLZEIT ERHALTEN SIE, WENN SIE DIESEN AUFLAUF MIT REICHLICH KNUSPRIGEM BROT UND SALAT SERVIEREN.

1 EL Pflanzenöl
2 Hähnchenbrüste (à etwa 150 g), entbeint, enthäutet und gehackt
2 Zucchini, gehackt
1 rote Paprikaschote, von Kernen und Häutchen befreit (siehe Seite 71) *und in Ringe geschnitten*
500 g passierte Tomaten
2 EL gemischte, frisch gehackte Kräuter, z. B. Petersilie, Oregano und Thymian
Salz und frisch gemahlener schwarzer Pfeffer
375 g Nudeln
125 g Mozzarella, in dünne Scheiben geschnitten

1. Das Öl in einer beschichteten Pfanne erhitzen. Das Fleisch darin bei mittlerer Hitze 3–4 Minuten auf beiden Seiten anbraten.
2. Das Gemüse und die Pilze hinzufügen und alles 2–3 Minuten garen.
3. Das Tomatenpüree und die Kräuter untermischen und zum Kochen bringen. Die Sauce bei schwacher Hitze 2 Minuten köcheln lassen und kräftig salzen und pfeffern.
4. In der Zwischenzeit die Nudeln in reichlich kochendem Wasser in 8–10 Minuten bissfest garen, dann gut abtropfen lassen.
5. Die Nudeln mit der Sauce vermischen, in eine feuerfeste Form füllen und mit dem Mozzarella belegen.
6. Den Auflauf unter dem heißen Backofengrill in 2–3 Minuten goldbraun überbacken.

✱ HAUPTZUTAT
Wenn Sie fettreduzierten Käse statt Mozzarella verwenden, können Sie den Fettgehalt des Gerichts verringern, ohne dass das Gericht an Geschmack einbüßt.

PRO PORTION:
- Kalorien 525
- Eiweiß 13 g
- Kohlenhydrate 78 g
  Ballaststoffe 5 g
- Gesamtfettmenge 9 g
  Gesättigte Fettsäuren 3 g
- Natrium 1655 mg

TIPP
Eine vegetarische Variante erhalten Sie, wenn Sie das Hähnchenfleisch durch dicke Auberginenscheiben ersetzen.

Zubereitungszeit: 20–25 Minuten
Für 4 Personen

HÄHNCHEN-BIRYANI

EINE IDEALE, SÄTTIGENDE MAHLZEIT IST DIESE KOMBINATION AUS STÄRKEHALTIGEM REIS, GEMÜSE UND EIWEISSREICHEM HÄHNCHENFLEISCH – UND DABEI MACHEN SIE NUR EINEN TOPF SCHMUTZIG!

250 g Langkornreis
1 EL Pflanzenöl
2 Hähnchenbrüste (à etwa 150 g), entbeint, enthäutet und gehackt
2 große Möhren, in Scheiben geschnitten
1 große Kartoffel, geschält und gehackt
1 Zwiebel, gehackt
1 Stück (etwa 2,5 cm) frischer Ingwer, geschält und gerieben
2 Knoblauchzehen, zerdrückt
1/2 mittelgroßer Blumenkohl, in Röschen zerteilt
100 g zarte grüne Bohnen, halbiert
2 EL mittelscharfe Currypaste
1 TL Gelbwurz
1/2 TL gemahlener Zimt
150 g Joghurt
60 g Sultaninen
3 EL frisch gehackter Koriander

1. Den Reis in kochendes Salzwasser einstreuen und bei schwacher Hitze 8 Minuten köcheln lassen. Abgießen und zur Seite stellen.

2. Das Öl in einem großen Topf mit schwerem Boden erhitzen und das Fleisch darin bei mittlerer Hitze 3–4 Minuten rundherum anbraten.

3. Die Möhren und die Kartoffeln hinzufügen und unter gelegentlichem Rühren 7–8 Minuten garen, bis das Gemüse weich ist. Zwiebeln, Knoblauch, Ingwer, Blumenkohl und Bohnen dazugeben, die Gewürze untermischen und alles weitere 2–3 Minuten unter Rühren braten. Den Joghurt und die Sultaninen untermengen und den Reis darauf geben.

4. Den Topf mit Backpapier oder Alufolie verschließen und den Deckel darauf setzen. Bei schwacher Hitze 10 Minuten garen und anschließend noch 5 Minuten im verschlossenen Topf ruhen lassen.

✶ HAUPTZUTAT
Öle sind zwar gesünder als harte Fette (*siehe Seite 18–19*), sie sollten aber nur sehr sparsam verwendet werden.

PRO PORTION:

- Kalorien 361
- Eiweiß 28 g
- Kohlenhydrate 47 g
  Ballaststoffe 4 g
- Gesamtfettmenge 7 g
  Gesättigte Fettsäuren 1 g
- Natrium 201 mg

SERVIERVORSCHLAG
Die würzigen indischen Gerichte schmecken noch besser, wenn Sie etwas Naturjoghurt extra dazu reichen.

Zubereitungszeit: 45–50 Minuten
Ruhezeit: 5 Minuten
Für 4 Personen

PAELLA

MIT DIESER HERRLICHEN KOMBINATION AUS MEERESFRÜCHTEN,

GEFLÜGEL, REIS UND GEMÜSE WERDEN

SIE DIE FAMILIE UND FREUNDE BEGEISTERN.

1 EL Olivenöl
1 Zwiebel, gehackt
1 rote Paprikaschote, von Kernen und Häutchen befreit (siehe Seite 71) *und in Streifen geschnitten*
2 Knoblauchzehen, zerdrückt
2 TL Paprikapulver
1 Hähnchenbrust (etwa 150 g), entbeint, enthäutet und gehackt
375 g Risottoreis
150 ml trockener Weißwein
600 ml heiße Hühnerbrühe
1 EL Tomatenmark
einige Safranfäden
500 g gemischte Meeresfrüchte (siehe Tipp links)
200 g Eiertomaten, gehäutet und gehackt
Salz und frisch gemahlener schwarzer Pfeffer
4 EL frisch gehackte Petersilie
geröstete Zitronen- und Limonenspalten zum Garnieren (nach Belieben)

1. Das Öl in einem großen, beschichteten Topf erhitzen und die Zwiebeln, Paprikastreifen und Knoblauch darin 3–4 Minuten dünsten.

2. Das Paprikapulver untermischen und 1 Minute mitbraten. Das Fleisch dazugeben und bei mittlerer Hitze 2 Minuten anbraten. Den Reis einstreuen, den Wein angießen und so lange köcheln lassen, bis der Reis die Flüssigkeit vollständig aufgesogen hat.

3. Die Hühnerbrühe mit dem Tomatenmark und dem Safran verrühren, über den Reis gießen und aufkochen lassen. Den Reis zugedeckt bei schwacher Hitze weitere 25 Minuten garen. Etwa 7 Minuten vor Ende der Garzeit die Meeresfrüchte und die Tomaten dazugeben.

4. Kräftig mit Salz und Pfeffer würzen, die Petersilie untermischen. Die Paella auf einer vorgewärmten Platte anrichten, eventuell mit Petersilie, Zitronen- und Limonenspalten garnieren und sofort servieren.

✶ HAUPTZUTAT
Meeresfrüchte, eine der Hauptzutaten der Paella, sind fettarm und cholesterinreich. Doch der Blutcholesterinspiegel (*siehe Seite 12 und 18*) wird dadurch weniger stark erhöht als durch gesättigte Fettsäuren oder andere Risikofaktoren, wie etwa Übergewicht.

PRO PORTION:

- Kalorien 525
- Eiweiß 33 g
- Kohlenhydrate 75 g
  Ballaststoffe 1 g
- Gesamtfettmenge 7 g
  Gesättigte Fettsäuren 1 g
- Natrium 364 mg

TIPP
Gemischte Meeresfrüchte sind frisch oder tiefgefroren in Supermärkten und Fischgeschäften erhältlich. Sie bestehen in der Regel aus Tintenfischringen, verschiedenen Muscheln und Garnelen. »Luxusausführungen« enthalten gelegentlich Jakobsmuscheln und kleine Tintenfische.

Zubereitungszeit: 50 Minuten
Für 4 Personen

Hähnchen-Pie mit Bohnen, Estragon und Lauch

DIESE VARIANTE DES TRADITIONELLEN FLEISCHPIE, BEI DER DIE TEIGDECKE DURCH EINE KARTOFFELKRUSTE ERSETZT WIRD, IST EINE SÄTTIGENDE MAHLZEIT FÜR DIE GANZE FAMILIE.

1 EL Pflanzenöl
2 Hähnchenbrüste (à etwa 150 g), entbeint, enthäutet und in Würfel geschnitten
2 Stangen Lauch, in Ringe geschnitten
250 g Champignons, in Scheiben geschnitten
2 EL Mehl
600 ml fettarme Milch
2 EL frisch gehackter Estragon
60 g reifer Cheddar, gerieben
400 g weiße Bohnen aus der Dose, abgebraust und abgetropft
Salz und frisch gemahlener schwarzer Pfeffer
750 g mehlig kochende Kartoffeln, gekocht und zerdrückt
1 Stückchen Butter

1. Den Backofen auf 200 °C (Gas Stufe 3–4) vorheizen. Das Öl in einem Topf mit schwerem Boden erhitzen. Das Fleisch, den Lauch und die Pilze darin bei mittlerer Hitze 3–4 Minuten unter Rühren anbraten, bis das Fleisch Farbe annimmt.

2. Das Mehl einrühren und nach und nach 450 ml Milch angießen. Unter Rühren langsam aufkochen lassen, bis die Masse eindickt. Den Estragon, die Hälfte des Käses und die Bohnen untermischen und kräftig salzen und pfeffern. Die Mischung in eine feuerfeste Form füllen.

3. Die Kartoffeln mit der restlichen Milch, der Butter und dem übrigen Käse vermengen und auf der Fleischmasse verteilen.

4. Die Pie 20–25 Minuten im Backofen goldbraun überbacken.

✶ HAUPTZUTAT
Hülsenfrüchte, zum Beispiel weiße Bohnen, sind gute Eiweißlieferanten. Hier wird ein Teil des Fleischs durch Bohnen ersetzt, so bleibt der Eiweißgehalt zwar der Gleiche, doch der Fettgehalt wird reduziert.

PRO PORTION:

- Kalorien 500
- Eiweiß 42 g
- Kohlenhydrate 62 g
  Ballaststoffe 9 g
- Gesamtfettmenge 11 g
  Gesättigte Fettsäuren 4 g
- Natrium 648 mg

SERVIERVORSCHLAG
Servieren Sie diese Pie mit gemischtem Gemüse. Ob Sie frisches oder tiefgekühltes Gemüse nehmen, spielt keine Rolle, der Nährstoffgehalt ist bei beiden gleich.

Zubereitungszeit: 45–50 Minuten
Für 4 Personen

Thailändisches Gemüsecurry mit Garnelen

PRO PORTION:
- Kalorien 153
- Eiweiß 16 g
- Kohlenhydrate 14 g
  Ballaststoffe 4 g
- Gesamtfettmenge 4 g
  Gesättigte Fettsäuren 1 g
- Natrium 259 mg

SERVIERVORSCHLAG
Servieren Sie das Curry mit gedämpftem Reis – besonders gut schmeckt thailändischer Duftreis – und indisches Brot.

Zubereitungszeit: 20 Minuten
Für 4 Personen

1 EL Pflanzenöl
1 Zwiebel, gehackt
1 rote Paprikaschote, von Kernen und Häutchen befreit (siehe Seite 71) *und gehackt*
1 gelbe Paprikaschote, von Kernen und Häutchen befreit (siehe Seite 71) *und gehackt*
6 Baby-Auberginen, geviertelt, oder 1 kleine Aubergine, gehackt
200 g Bambussprossen
2 EL grüne thailändische Currypaste
4 Kaffernlimettenblätter
1 Stängel Zitronengras
300 g rohe Garnelen
150 ml Fischfond
400 ml Kokosmilch

1. Das Öl in einer großen Pfanne erhitzen. Zwiebeln, Paprika und Auberginen bei starker Hitze 5–6 Minuten unter Rühren dünsten. Die Bambussprossen, Currypaste, Limettenblätter und das Zitronengras hinzufügen und alles weitere 2 Minuten unter Rühren garen.

2. Die Garnelen dazugeben und garen, bis sie sich rosa gefärbt haben. Den Fond dann bei schwacher Hitze 2 Minuten köcheln lassen. Das Curry in einer vorgewärmten Schüssel sofort servieren.

Provenzalischer Tunfisch

PRO PORTION:
- Kalorien 252
- Eiweiß 31 g
- Kohlenhydrate 6 g
  Ballaststoffe 1 g
- Gesamtfettmenge 11 g
  Gesättigte Fettsäuren 2 g
- Natrium 110 mg

TIPP
Tunfisch ist ein fettreicher Fisch, der große Mengen Omega-3-Fettsäuren enthält (*siehe Seite 18–19*). Um den Fettverbrauch zu senken, können Sie ihn auch durch weißen Fisch ersetzen, zum Beispiel Kabeljau.

Zubereitungszeit: 30 Minuten
Für 4 Personen

2 EL Olivenöl
1 große Zwiebel, gehackt
2 Knoblauchzehen, zerdrückt
1 Dose Tomaten (400 g), gehackt
1 EL Tomatenmark
4 Tunfischsteaks (à etwa 125 g)
12 schwarze Oliven, entsteint
1 großes Bund Basilikum, gehackt
Salz und frisch gemahlener schwarzer Pfeffer

1. Die Hälfte des Öls in einer beschichteten Pfanne erhitzen. Die Zwiebeln und Knoblauch darin 3–4 Minuten dünsten.

2. Die Tomaten und das Tomatenmark dazugeben und alles zum Kochen bringen. Die Sauce zugedeckt bei schwacher Hitze 5 Minuten köcheln lassen. Die Tunfischsteaks hineingeben und zugedeckt bei schwacher Hitze 8–10 Minuten garen.

3. Die Oliven und das Basilikum unterheben, die Fischsteaks sollten nicht zerbrechen. Noch einmal erhitzen, salzen und pfeffern. Die Steaks auf vier Tellern anrichten und mit der Sauce begießen.

Gedünsteter Fisch mit Sauce Tartare

300 g Lachsfilet,
enthäutet und gewürfelt
300 g Kabeljaufilet,
enthäutet und gewürfelt
8 große Jakobsmuscheln
Saft und Schale von 1 Limone
1 Stückchen Butter
Salz und schwarzer Pfeffer

Für die Sauce
6 Gewürzgurken, fein gehackt
1 EL Kapern, abgetropft und gehackt
200 g saure Sahne
2 EL frisch gehackte Petersilie
1 EL frisch gehackter Dill
1 EL Meerrettichsauce
Salz und schwarzer Pfeffer

1. Aus Pergament- oder Backpapier 4 etwa 25 cm große Quadrate zuschneiden. Den Fisch und die Muscheln darauf verteilen, mit Limonensaft beträufeln, mit Butterflöckchen besetzen und kräftig würzen. Dann zu Päckchen verschließen (*siehe Abbildung unten*).

2. Die Päckchen auf einem Dämpfeinsatz in einen Topf mit siedendem Wasser setzen. Den Fisch zugedeckt 5–6 Minuten garen.

3. Die Zutaten für die Sauce verrühren und in eine Schüssel oder Sauciere geben. Die Päckchen offen oder verschlossen auf Tellern anrichten.

Im Ofen dünsten
Den Backofen auf 200 °C (Gas Stufe 3–4) vorheizen. Die Päckchen auf den Rost legen und diesen auf die Fettpfanne setzen. Die Fettpfanne mit kochendem Wasser füllen und den Fisch etwa 10 Minuten garen.

Die Päckchen füllen

1 Die vorbereiteten Zutaten in die Mitte der Papierquadrate geben, so dass noch ein Rand bleibt.

2 Das Papier über die Zutaten schlagen und die Seiten und Ränder fest zusammendrehen.

✶ HAUPTZUTAT
Lachs ist ein fettreicher Fisch und hat einen höheren Fettgehalt als weißer Fisch wie etwa Kabeljau. Das Fett setzt sich überwiegend aus mehrfach ungesättigten Fettsäuren zusammen, die vor Herz-Kreislauf-Erkrankungen schützen.

PRO PORTION:
- Kalorien 306
- Eiweiß 42 g
- Kohlenhydrate 3 g
  Ballaststoffe 0 g
- Gesamtfettmenge 14 g
  Gesättigte Fettsäuren 5 g
- Natrium 180 mg

SERVIERVORSCHLAG
Nudeln sind kohlenhydratreich und eignen sich deshalb hervorragend als Beilage zu diesem feinwürzigen Fischgericht.

Zubereitungszeit: 20 Minuten
Für 4 Personen

✶ **HAUPTZUTAT**
Tomaten in Dosen sollten Sie möglichst immer vorrätig haben. Sie haben nahezu den gleichen Nährwert wie frische Tomaten, lediglich der Karotin- und Vitamin-C-Gehalt ist niedriger.

PRO PORTION:

- ❍ Kalorien 214
- ❍ Eiweiß 30 g
- ❍ Kohlenhydrate 12 g
  Ballaststoffe 3 g
- ❍ Gesamtfettmenge 5 g
  Gesättigte Fettsäuren 0 g
- ❍ Natrium 92 mg

TIPP
Eine vegetarische Variante erhalten Sie, wenn Sie statt Schweinefleisch Tofu oder Sojafleischersatz nehmen.

Zubereitungszeit: 25 Minuten
Für 4 Personen

Foto Seite 22

Fleischbällchen mit Tomatensauce

ZU DIESEM SÄTTIGENDEN HAUPTGERICHT SOLLTEN SIE NUDELN ODER REIS UND GEMISCHTEN BLATTSALAT REICHEN.

Für die Fleischbällchen
500 g mageres Schweinehackfleisch
1 Zwiebel, fein gehackt
1 Knoblauchzehe, zerdrückt
1 TL Chiliflocken
3 EL Tomatenmark
4 EL frisch gehackter Koriander

Für die Sauce
1 Zwiebel, gehackt
1 Knoblauchzehe, zerdrückt
875 g Tomaten aus der Dose, gehackt
150 ml Gemüsebrühe
125 g in Öl eingelegte getrocknete Tomaten, abgetropft

1. Die Zutaten für die Fleischbällchen vermengen, 12 Bällchen daraus formen und diese auf ein Backblech legen.

2. Das Blech unter den heißen Backofengrill schieben und die Fleischbällchen 6–7 Minuten grillen, dabei ein- bis zweimal wenden.

3. Die Zutaten für die Sauce in einem Topf zum Kochen bringen. Die Sauce bei schwacher Hitze 10 Minuten köcheln lassen. Die Hälfte der Sauce im Mixer glatt rühren, wieder in den Topf zur restlichen Sauce gießen, umrühren und die Sauce noch einmal erhitzen.

4. Die Fleischbällchen in die Sauce legen und mehrfach darin wenden, bis sie mit der Sauce überzogen sind. Dann in einer vorgewärmten Schüssel servieren.

✶ HAUPTZUTAT
Schweinefilet ist fettarm und eignet sich als Hauptgang bei einer Einladung zum Abendessen.

PRO PORTION:

- Kalorien 400
- Eiweiß 48 g
- Kohlenhydrate 0 g
  Ballaststoffe 0 g
- Gesamtfettmenge 20 g
  Gesättigte Fettsäuren 9 g
- Natrium 606 mg

SERVIERVORSCHLAG
Dazu passt gemischtes Gemüse aus Möhren, Zucchini, roten Zwiebeln und Paprikaschoten.

Zubereitungszeit: 35–40 Minuten
Für 4 Personen

Gefülltes Schweinefilet

500 g Schweinefilet
125 g Blauschimmelkäse, z. B. Stilton oder Gorgonzola, zerkrümelt
2 EL frisch gehackter Salbei
2 EL Mehl
2 EL Olivenöl
150 ml trockener Weißwein
Salz und schwarzer Pfeffer

1. Das Schweinefilet seitlich einschneiden, sodass eine Tasche entsteht. Den Käse mit dem Salbei vermengen und die Masse in die Tasche füllen. Das Filet mit Küchengarn umwickeln, mit Salz und Pfeffer würzen und im Mehl wenden.

2. Den Backofen auf 200 °C (Gas Stufe 3–4) vorheizen. Das Öl in einer beschichteten Pfanne erhitzen und das Filet darin rundherum anbraten. Das Fleisch in eine feuerfeste Form legen. Den Wein in die Pfanne gießen und aufkochen lassen. Die Flüssigkeit bei schwacher Hitze 1 Minute köcheln lassen, dabei den Bratensatz vom Pfannenboden lösen. Das Filet mit der Sauce begießen und im Ofen in 20–25 Minuten fertig garen.

3. Das Fleisch aufschneiden, auf einer Platte anrichten, mit dem Bratensaft begießen und servieren.

PRO PORTION:

- Kalorien 258
- Eiweiß 31 g
- Kohlenhydrate 4 g
  Ballaststoffe 2 g
- Gesamtfettmenge 13 g
  Gesättigte Fettsäuren 4 g
- Natrium 27 mg

SERVIERVORSCHLAG
Dazu reichen Sie am besten eine kohlenhydratreiche Beilage wie Reis oder Nudeln und gemischten Blattsalat.

Zubereitungszeit: 25 Minuten
Für 4 Personen

Schweinelende Stroganoff

1 EL Olivenöl
500 g Schweinelende, in Scheiben
1 Zwiebel, gehackt
1 Knoblauchzehe, zerdrückt
375 g gemischte Pilze, z. B. Maronenröhrlinge, Champignons oder Shiitake-Pilze in Scheiben
1 EL Dijon-Senf
1 TL Paprikapulver
5 EL griechischer Joghurt
8 EL saure Sahne
1 EL gemischte Kräuter

1. Das Öl in einer beschichteten Pfanne erhitzen und das Fleisch darin auf beiden Seiten 3–4 Minuten anbraten.

2. Zwiebeln und Knoblauch hinzufügen und weitere 2 Minuten unter Rühren braten. Die Pilze dazugeben und 3 Minuten mitbraten.

3. Die restlichen Zutaten in die Pfanne geben und alles zum Kochen bringen. Das Fleisch bei schwacher Hitze 1 Minute köcheln lassen. Auf einer vorgewärmten Platte anrichten und sofort servieren.

✶ **HAUPTZUTAT**
Wegen ihrer schönen violetten Schale und ihres relativ neutralen Geschmacks eignet sich die Aubergine hervorragend als Grundlage für vegetarische Gerichte.

PRO PORTION:

- Kalorien 339
- Eiweiß 14 g
- Kohlenhydrate 58 g
  Ballaststoffe 9 g
- Gesamtfettmenge 7 g
  Gesättigte Fettsäuren 1 g
- Natrium 230 mg

TIPP
Auberginen saugen beim Braten viel Öl auf. Sie sollten sich deshalb nicht dazu verleiten lassen, mehr Öl als angegeben zu verwenden.

Zubereitungszeit: 25 Minuten
Quellzeit: 8–10 Minuten
Für 4 Personen

Marokkanisches Gemüse-ragout auf Couscous

1 EL Pflanzenöl
1 kleine Aubergine, in Stücke geschnitten
2 Zucchini, in Stücke geschnitten
1 Möhre, in Stücke geschnitten
1/2 Blumenkohl, in Spalten zerteilt
1 Zwiebel, gehackt
1 Stück (etwa 2,5 cm) frischer Ingwer, geschält und gerieben
2 Knoblauchzehen, zerdrückt
1 EL gemahlener Kreuzkümmel
1 TL Chilipulver
1 Dose Tomaten (400 g), gehackt
2 EL Tomatenmark
150 ml Gemüsebrühe
400 g Kichererbsen aus der Dose, abgebraust und abgetropft
200 g feine grüne Bohnen, halbiert
Salz und frisch gemahlener schwarzer Pfeffer
250 g Couscous
400 ml kochendes Wasser
frische rote Chilistreifen zum Garnieren
Harissa- oder Chilisauce

1. Das Öl in einem großen Topf mit schwerem Boden erhitzen und das Gemüse, Zwiebeln, Ingwer und Knoblauch darin 3–4 Minuten andünsten, bis es weich ist.

2. Kümmel und Chilipulver hinzufügen und das Gemüse 1 Minute dünsten. Tomaten, Tomatenmark und Gemüsebrühe dazugeben und aufkochen lassen. Das Gemüse bei schwacher Hitze 8 Minuten köcheln lassen. Nach der Hälfte der Garzeit die Kichererbsen und die Bohnen dazugeben und kräftig salzen und pfeffern.

3. Den Couscous in eine große Schüssel geben, mit dem kochenden Wasser übergießen und 8–10 Minuten quellen lassen.

4. Das Gemüse auf dem Couscous anrichten, mit den Chilistreifen garnieren und mit etwas Harissa- oder Chilisauce servieren.

GEMÜSEAUFLAUF

DIESES GESUNDE, LECKERE GERICHT EIGNET SICH HERVORRAGEND ALS SÄTTIGENDE MAHLZEIT FÜR VEGETARIER.

2 EL Olivenöl
2 Knoblauchzehen, zerdrückt
1 große Zwiebel, gehackt
1 rote Paprikaschote, von Kernen und Häutchen befreit (siehe Seite 71) *und gehackt*
1 große Möhre, gehackt
2 Süßkartoffeln, in Würfel geschnitten
1 Zucchino, in Stücke geschnitten
1 TL gemischte getrocknete Kräuter
1 Lorbeerblatt
1 Dose Tomaten (400 g), gehackt
300 ml Gemüsebrühe
2 EL Tomatenmark
400 g Kidney-Bohnen aus der Dose, abgebraust und abgetropft
200 g feine grüne Bohnen, halbiert
75 g Vollkorn-Semmelbrösel
2 EL frisch gehackte Petersilie

1. 1 Esslöffel Öl in einem großen Topf mit schwerem Boden erhitzen und Knoblauch, Zwiebeln, Paprika, Möhren, Kartoffeln und Zucchini darin 3–4 Minuten braun anbraten.

2. Kräuter, Lorbeerblatt, Tomaten, Brühe, Tomatenmark und die Kidney-Bohnen dazugeben und zum Kochen bringen. Das Gemüse zugedeckt bei schwacher Hitze 25–30 Minuten garen. 10 Minuten vor Ende der Garzeit die grünen Bohnen hinzufügen. Das Gemüse in eine feuerfeste Form füllen.

3. Die Semmelbrösel mit der Petersilie vermischen und über das Gemüse streuen. Mit dem restlichen Öl beträufeln. Den Auflauf unter dem heißen Backofengrill goldbraun überbacken.

✶ HAUPTZUTAT
Die fettarme Süßkartoffel ist reich an Vitamin E und Antioxidantien. Auf Grund ihres hohen Kaliumgehalts hat sie darüber hinaus eine blutdrucksenkende Wirkung.

PRO PORTION:

- Kalorien 320
- Eiweiß 12 g
- Kohlenhydrate 54 g
  Ballaststoffe 12 g
- Gesamtfettmenge 7 g
  Gesättigte Fettsäuren 1 g
- Natrium 506 mg

TIPP
Sie können den Auflauf auch einfrieren. Er ist dann bis zu 3 Monaten haltbar. Bevor Sie die Petersilienmischung darüber streuen und den Auflauf überbacken, muss er aufgetaut werden.

Zubereitungszeit: 45–50 Minuten
Für 4 Personen

✶ HAUPTZUTAT
Tofu oder Sojamilchquark wird in verschiedenen Formen angeboten und ist, vor allem für Vegetarier, ein guter Eiweißlieferant.

PRO PORTION:

- Kalorien 147
- Eiweiß 11 g
- Kohlenhydrate 12 g
  Ballaststoffe 5 g
- Gesamtfettmenge 6 g
  Gesättigte Fettsäuren 1 g
- Natrium 21 mg

TIPP
Beim Marinieren nimmt der Tofu den Geschmack der Marinade an und hebt so den Geschmack des Gerichts.

Zubereitungszeit: 20–25 Minuten
Marinierzeit: 30 Minuten
Für 4 Personen

Pfannengerührtes mit Tofu

1 Knoblauchzehe, zerdrückt
2 EL Sojasauce
1 Stück (etwa 2,5 cm) frischer Ingwer, geschält und gerieben
1 TL Chiliflocken
275 g Tofu, in Würfel geschnitten
1 EL Sesamöl
1 große Möhre, geraspelt
150 g Zuckerschoten, halbiert
1 rote Paprikaschote, von Kernen und Häutchen befreit (siehe Abbildung unten) *und in Streifen geschnitten*
275 g Champignons, in Scheiben geschnitten
1 Bund Frühlingszwiebeln, gehackt
1/4 Chinakohl, in feine Streifen geschnitten
200 g Bohnensprossen

1 Knoblauch, Ingwer und Chiliflocken in einer Schüssel mit der Sojasauce verrühren. Den Tofu darin etwa 30 Minuten marinieren.

2 Das Öl in einer beschichteten Pfanne oder im Wok erhitzen. Den Tofu ohne Marinade darin 4–5 Minuten bei mittlerer Hitze unter Rühren anbraten. Den Tofu herausnehmen und warm stellen.

3 Die restlichen Zutaten bis auf die Bohnensprossen in die Pfanne geben und 2–3 Minuten bei mittlerer Hitze unter Rühren anbraten. Die Sprossen, die Marinade und den Tofu dazugeben, alles noch einmal erhitzen und servieren.

PAPRIKASCHOTEN PUTZEN

1 Die Schoten halbieren. Den Stielansatz und die weißen Häutchen herausbrechen oder -schneiden. Die Kerne herausklopfen.

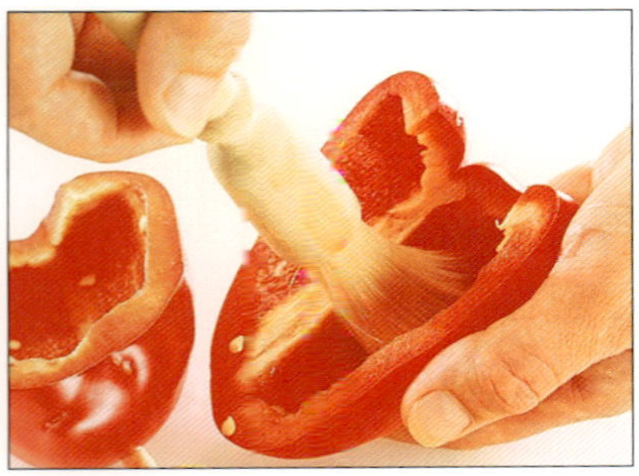

2 Eventuell noch verbliebene Kerne mit einem sauberen Backpinsel entfernen. Die weißen Häutchen entfernen.

NUDELN MIT BUNTEM GEMÜSE

DIESES EINFACH ZUZUBEREITENDE NUDELGERICHT KÖNNEN SIE ALS SÄTTIGENDES VEGETARISCHES HAUPTGERICHT SERVIEREN ODER AUCH FÜR EIN PARTYBÜFFET VERWENDEN.

2 Zucchini, längs halbiert und in 3 Stücke zerteilt
1 rote Paprikaschote, von Kernen und Häutchen befreit (siehe Seite 71) *und in Stücke geschnitten*
1 gelbe Paprikaschote, von Kernen und Häutchen befreit (siehe Seite 71) *und in Stücke geschnitten*
1 Aubergine, in Stücke geschnitten
1 EL Pflanzenöl
500 g passierte Tomaten aus der Dose
200 g fettarmer Schmelz- oder Frischkäse
Salz und frisch gemahlener schwarzer Pfeffer
375 g Nudeln

ZUM GARNIEREN
60 g geröstete Pinienkerne
1 Hand voll frisches Basilikum, klein gehackt

1. Das Gemüse auf einem mit Alufolie ausgelegten Backblech verteilen, mit etwas Öl bepinseln und 10 Minuten unter dem heißen Backofengrill rösten, bis es weich und leicht gebräunt ist. Das Gemüse dabei wenden.

2. Das Tomatenpüree und den Käse in einem Topf unter Rühren erhitzen, bis eine homogene Sauce entstanden ist. Das Gemüse untermischen und kräftig würzen.

3. In der Zwischenzeit die Nudeln in reichlich kochendem Wasser in 8–10 Minuten bissfest garen, dann gut abtropfen lassen. Die Nudeln unter das Gemüse heben. Die Mischung in eine vorgewärmte Schüssel füllen, mit Pinienkernen und Basilikum bestreuen und sofort servieren.

✶ HAUPTZUTAT
Passierte Tomaten werden aus italienischen Tomaten hergestellt. Sie enthalten kaum Fett, sind reich an Karotinen und Vitamin E und eignen sich hervorragend als Grundlage für Suppen, Saucen und Schmorgerichte.

PRO PORTION:
- Kalorien 567
- Eiweiß 19 g
- Kohlenhydrate 82 g
  Ballaststoffe 7 g
- Gesamtfettmenge 20 g
  Gesättigte Fettsäuren 6 g
- Natrium 146 mg

TIPP
Rösten Sie die Pinienkerne ohne Fett in einer beschichteten Pfanne. Sie lassen sich in einem luftdicht verschlossenen Behälter lagern, so dass Sie jederzeit Ihre Salate und Nudelgerichte damit verfeinern können.

Zubereitungszeit: 30 Minuten
Für 4 Personen

Griechischer Salat

DIESES HERRLICHE MEDITERRANE GERICHT KANN WARM

UND KALT GEGESSEN WERDEN.

DAZU PASST AM BESTEN REICHLICH KNUSPRIGES BROT.

1 kg Zucchini, in Stücke geschnitten
2 rote Zwiebeln, geviertelt
2 rote Paprikaschoten, von Kernen und Häutchen befreit (siehe Seite 71)
und in Stücke geschnitten
2 EL Olivenöl
2 Thymianzweige
500 g Tomaten, in Stücke geschnitten
200 g Feta, in Würfel geschnitten
60 g schwarze Oliven
1 EL Balsamico-Essig
Salz und frisch gemahlener schwarzer Pfeffer

1. Den Backofen auf 200 °C (Gas Stufe 3–4) vorheizen. Die Zucchini, Zwiebeln und Paprika auf einem Backblech verteilen, mit Öl beträufeln und den Thymian darauf legen. Das Gemüse im Backofen 25–30 Minuten garen, bis es leicht gebräunt ist.

2. Die restlichen Zutaten hinzufügen und weitere 10 Minuten backen. Mit Salz und Pfeffer abschmecken und servieren.

✶ HAUPTZUTAT
Verglichen mit anderen Hartkäsesorten hat Feta einen relativ niedrigen Fettgehalt. Allerdings sollten Sie beim Würzen berücksichtigen, dass er stark gesalzen ist.

PRO PORTION:

- Kalorien 308
- Eiweiß 15 g
- Kohlenhydrate 20 g
  Ballaststoffe 6 g
- Gesamtfettmenge 19 g
  Gesättigte Fettsäuren 8 g
- Natrium 1076 mg

TIPP
Das Gemüse können Sie auch im Voraus rösten und bis zum Anrichten in den Kühlschrank stellen.

Zubereitungszeit: 50 Minuten
Für 6 Personen

GEMÜSE *ist reich an Ballaststoffen, Vitaminen und Mineralstoffen und eignet sich als Grundlage für viele Gerichte. Besonders ausgewogene Mahlzeiten erhalten Sie, wenn Sie es mit stärkehaltigen Lebensmitteln wie Reis und Nudeln kombinieren.*

Salat Niçoise

SERVIEREN SIE DIESEN FRANZÖSISCHEN KLASSIKER MIT BROT ALS LECKERES, SÄTTIGENDES MITTAGESSEN. ER EIGNET SICH ABER AUCH FÜR EIN BÜFFET.

250 g neue Kartoffeln
150 g feine grüne Bohnen, abgefädelt
2 Kopfsalate, in mundgerechte Stücke zerteilt
2 hart gekochte Eier, geviertelt
4 Eiertomaten, geviertelt
1/4 Salatgurke, in mundgerechte Stücke zerteilt
20 schwarze Oliven, entsteint

Für das Dressing
1 EL grobkörniger Senf
2 EL Olivenöl
1 EL Weißweinessig
1 TL Zucker
Salz und frisch gemahlener schwarzer Pfeffer

1. Die Kartoffeln in kochendem Wasser weich garen. 5 Minuten vor Ende der Garzeit die Bohnen dazugeben. Abgießen, unter fließendem kaltem Wasser abschrecken und gut abtropfen lassen.
2. Eine große Salatschüssel mit den Salatblätter auslegen. Die übrigen Salatzutaten vermischen und auf den Salatblättern anrichten.
3. Die Zutaten für die Sauce verrühren. Das Dressing über den Salat gießen und servieren.

✶ HAUPTZUTAT
Der grobkörnige Senf verleiht dem Dressing eine herrlich pikante, nussige Note.

PRO PORTION:
- Kalorien 188
- Eiweiß 7 g
- Kohlenhydrate 16 g
  Ballaststoffe 4 g
- Gesamtfettmenge 11 g
  Gesättigte Fettsäuren 2 g
- Natrium 445 mg

TIPP
Den Salat können Sie gut vorbereiten, angemacht werden darf er allerdings erst kurz vor dem Servieren.

Zubereitungszeit: 20 Minuten
Für 4 Personen

Nudelsalat mit Kräutern

250 g Nudeln
2 Zucchini, in dünne Scheiben geschnitten
150 g Kirschtomaten, halbiert
2 EL geröstete Pinienkerne
Salz und frisch gemahlener schwarzer Pfeffer

Für das Dressing
2 EL Olivenöl
1 EL Kapern, abgetropft
2 EL frisch gehackte Petersilie
2 EL frisch gehacktes Basilikum
1 Knoblauchzehe
Saft und abgeriebene Schale von 1 Limone

1. Die Zutaten für das Dressing im Mixer oder mit dem Pürierstab pürieren.
2. Die Nudeln 8–10 Minuten in reichlich kochendem Wasser bissfest garen, dann gut abtropfen lassen.
3. Die Salatzutaten in einer großen Schüssel vermengen, das Dressing darüber gießen und den Salat durchmischen. Den Salat in einer Salatschüssel anrichten.

✶ HAUPTZUTAT
Durch das frische Basilikum mit seinem eigenwilligen Geschmack benötigen Sie nur wenig Salz.

PRO PORTION:
- Kalorien 534
- Eiweiß 10 g
- Kohlenhydrate 50 g
  Ballaststoffe 3 g
- Gesamtfettmenge 12 g
  Gesättigte Fettsäuren 1 g
- Natrium 12 mg

TIPP
Das Rezept eignet sich zur Verarbeitung von Nudelresten.

Zubereitungszeit: 25 Minuten
Für 4 Personen

Gesunder Krautsalat

1 kleiner Weißkohl, in feine Streifen geschnitten
2 Möhren, geraspelt
1 Bund Frühlingszwiebeln, in Ringe geschnitten
75 g getrocknete Aprikosen
3 EL geröstete Kürbiskerne
4 EL gemischte, frisch gehackte Kräuter, z. B. Petersilie und Minze
150 g Joghurt
2 EL saure Sahne
Salz und frisch gemahlener schwarzer Pfeffer

Sämtliche Zutaten in einer großen Salatschüssel vermengen. Den Salat eventuell mit Salz und Pfeffer abschmecken.

PRO PORTION:
- Kalorien 119
- Eiweiß 5 g
- Kohlenhydrate 13 g
  Ballaststoffe 3 g
- Gesamtfettmenge 5 g
  Gesättigte Fettsäuren 1 g
- Natrium 41 mg

TIPP
Besonders schnell lässt sich dieser Salat zubereiten, wenn Sie das Gemüse in der Küchenmaschine zerkleinern.

Zubereitungszeit: 20 Minuten
Für 6 Personen

Tabbouleh

250 g Bulgur
300 ml kochendes Wasser
150 g Kirschtomaten, geviertelt
1/4 Salatgurke, fein gehackt
6 Frühlingszwiebeln, fein gehackt
4 EL frisch gehackte Petersilie
4 EL frisch gehackte Minze
Saft und abgeriebene Schale von 1 Zitrone
1 EL Olivenöl
Salz und frisch gemahlener schwarzer Pfeffer

1. Den Bulgur in eine Schüssel geben, mit dem kochenden Wasser übergießen und 20–25 Minuten quellen lassen, bis die Körner weich sind. In ein Sieb abgießen und in eine Servierschüssel füllen.

2. Die restlichen Zutaten vermengen und unter den Bulgur mischen. Mit Salz und Pfeffer abschmecken und servieren.

✶ HAUPTZUTAT
Bulgur oder Weizengrütze ist stärkehaltig und reich an unlöslichen Ballaststoffen.

PRO PORTION:
- Kalorien 382
- Eiweiß 8 g
- Kohlenhydrate 60 g
  Ballaststoffe 2 g
- Gesamtfettmenge 13 g
  Gesättigte Fettsäuren 2 g
- Natrium 109 mg

SERVIERVORSCHLAG
Tabbouleh passt zu Fisch- und Fleischgerichten.

Zubereitungszeit: 15 Minuten
Quellzeit: 20–25 Minuten
Für 6 Personen

Köstlicher Kartoffelsalat

1 kg neue Kartoffeln
6 Frühlingszwiebeln, gehackt
8 in Öl eingelegte getrocknete Tomaten, abgetropft und in Scheiben geschnitten plus 3 EL Öl
2 EL Balsamico-Essig
1 Hand voll Basilikumblätter, klein gehackt
Salz und frisch gemahlener schwarzer Pfeffer

1. Die Kartoffeln in kochendem Salzwasser garen (sie sollten gar, aber noch fest sein), dann in einem Sieb abtropfen lassen.

2. Die warmen Kartoffeln in einer großen Salatschüssel mit den restlichen Zutaten vermischen und abschmecken. Den Salat warm oder kalt serviert.

PRO PORTION:
- Kalorien 209
- Eiweiß 3 g
- Kohlenhydrate 28 g
  Ballaststoffe 2 g
- Gesamtfettmenge 10 g
  Gesättigte Fettsäuren 2 g
- Natrium 102 mg

TIPP
Salzen Sie den Salat so sparsam wie möglich; der Balsamico-Essig verleiht ihm den nötigen Geschmack.

Zubereitungszeit: 25 Minuten
Für 4–6 Personen

PRO PORTION:

- Kalorien 175
- Eiweiß 7 g
- Kohlenhydrate 7 g
  Ballaststoffe 5 g
- Gesamtfettmenge 13 g
  Gesättigte Fettsäuren 3 g
- Natrium 133 mg

Zubereitungszeit: 15 Minuten
Marinierzeit: 30 Minuten
Für 4 Personen

GEMÜSESPIESSE

FÜR DIE MARINADE

Saft und abgeriebene Schale von 1/2 Zitrone
1 EL grobkörniger Senf
2 EL Pesto
1 EL Olivenöl

FÜR DIE SPIESSE

500 g kleines Gemüse, z. B. Kirschtomaten, Zucchinistücke, kleine Champignons und Auberginenwürfel

1. Die Zutaten für die Marinade in einer Schüssel verrühren. Das Gemüse auf Spieße stecken und diese auf eine große Platte legen. Die Marinade darüber gießen. Das Gemüse 30 Minuten ziehen lassen, dabei ein- bis zweimal wenden.

2. Die Spieße 5–6 Minuten unter dem heißen Backofengrill rösten, bis das Gemüse weich ist. Die Spieße dabei von Zeit zu Zeit drehen.

✶ HAUPTZUTAT
Pinienkerne haben einen ähnlichen Nährstoffgehalt wie andere Nüsse und sind reich an Vitamin E.

PRO PORTION:

- Kalorien 282
- Eiweiß 7 g
- Kohlenhydrate 30 g
  Ballaststoffe 3 g
- Gesamtfettmenge 16 g
  Gesättigte Fettsäuren 2 g
- Natrium 444 mg

Zubereitungszeit: 15 Minuten
Marinierzeit: 30 Minuten
Für 4 Personen

TOSKANISCHER BROTSALAT

1/2 Ciabatta-Brot, in mundgerechte Stücke zerteilt
45 g Pinienkerne
6 Eiertomaten, in Stücke geschnitten
1/2 Salatgurke, in Stücke geschnitten
2 EL Kapern, abgetropft
1 rote Zwiebel in dünnen Ringen
2 EL frisch gehackte Petersilie
12 schwarze Oliven
2 EL Olivenöl
1 EL Rotweinessig
Salz und schwarzer Pfeffer

1. Das Brot auf einem Backblech verteilen und 1–2 Minuten unter dem heißen Backofengrill goldbraun rösten. Die Stücke dabei von Zeit zu Zeit wenden.

2. Die Pinienkerne bei starker Hitze in einer kleinen Pfanne 1–2 Minuten ohne Fett anrösten.

3. Die restlichen Zutaten in eine Schüssel geben. Das Brot und die Pinienkerne hinzufügen und alles mischen. Den Salat 30 Minuten ziehen lassen, damit sich der Geschmack entfalten kann, dann servieren.

✶ **HAUPTZUTAT**
Sojasauce enthält sehr viel Natrium. Wegen ihres intensiven Geschmacks sollte sie sparsam verwendet werden.

PRO PORTION:

- ❍ Kalorien 233
- ❍ Eiweiß 8 g
- ❍ Kohlenhydrate 9 g
  Ballaststoffe 5 g
- ❍ Gesamtfettmenge 18 g
  Gesättigte Fettsäuren 2 g
- ❍ Natrium 6 mg

Zubereitungszeit: 15 Minuten
Für 4 Personen

Foto rechts

Sautierter Kohl mit gerösteten Samen

1 Weißkohl, in Streifen geschnitten
1 EL Pflanzenöl
2 Knoblauchzehen, zerdrückt
1 EL schwarze Senfsamen
125 g gemischte Samenkörner, z. B. Sesamsamen, Sonnenblumen- und Kürbiskerne
2 EL dunkle Sojasauce

1. Den Kohl 5–6 Minuten in kochendem Wasser garen, bis er fast weich ist. In einem Sieb gut abtropfen lassen.

2. In der Zwischenzeit das Öl in einer hohen Pfanne mit schwerem Boden erhitzen und den Knoblauch darin bei mittlerer Hitze 1 Minute anbraten. Die Samen dazugeben und 2 Minuten bei mittlerer Hitze anbräunen.

3. Die Pfanne vom Herd nehmen, den Kohl hineingeben und mit zwei Löffeln durchmischen. Mit der Sojasauce beträufeln und den Kohl noch einmal erwärmen.

PRO PORTION:

- ❍ Kalorien 151
- ❍ Eiweiß 2 g
- ❍ Kohlenhydrate 7 g
  Ballaststoffe 6 g
- ❍ Gesamtfettmenge 7 g
  Gesättigte Fettsäuren 4 g
- ❍ Natrium 70 mg

Zubereitungszeit: 45 Minuten
Für 6 Personen

Glacierte Pastinaken

750 g Pastinaken, geschält und halbiert
45 g Butter
2 EL Honig
Saft und abgeriebene Schale von 1 Orange
Salz und frisch gemahlener schwarzer Pfeffer

1. Den Backofen auf 200 °C (Gas Stufe 3–4) vorheizen. Die Pastinaken 5 Minuten in kochendem Wasser vorgaren, dann abtropfen lassen.

2. Die Butter in einem kleinen Topf zerlassen, Honig, Orangensaft und -schale einrühren und kräftig würzen.

3. Die Pastinaken in dieser Mischung wenden und auf einem Backblech verteilen. Im Backofen in 25–30 Minuten goldbraun backen.

Warmer Linsensalat

300 g grüne Linsen
600 ml Gemüsebrühe
2 EL Olivenöl
2 Knoblauchzehen, in Scheiben geschnitten
1 rote Zwiebel, in Ringe geschnitten
1 rote Paprikaschote, von Kernen und Häutchen befreit (siehe Seite 71) *und gehackt*
3 Scheiben magerer Speck, gehackt
100 g Feta, zerkrümelt
1 EL Balsamico-Essig
2 EL frisch gehackte Petersilie
Salz und frisch gemahlener schwarzer Pfeffer

1. Die Linsen mit der Brühe aufkochen lassen. Die Linsen zugedeckt bei schwacher Hitze 20–25 Minuten garen, dann abtropfen lassen.

2. Das Öl in einer Pfanne erhitzen. Knoblauch, Zwiebeln und Paprika bei mittlerer Hitze 3–4 Minuten unter Rühren dünsten. Den Speck hinzufügen und 3 Minuten unter Rühren braten.

3. Die Linsen und die übrigen Zutaten vermengen und abschmecken. Den Salat in eine vorgewärmte Schüssel füllen und sofort servieren.

✶ **HAUPTZUTAT**
Der Balsamico-Essig wird aus unfermentierten Weißweintrauben hergestellt. Er reift mehr als 20 Jahre, bevor er abgefüllt wird. Daher rührt auch sein einzigartiger Geschmack und der hohe Preis.

PRO PORTION:

- Kalorien 276
- Eiweiß 20 g
- Kohlenhydrate 28 g
  Ballaststoffe 5 g
- Gesamtfettmenge 10 g
  Gesättigte Fettsäuren 3 g
- Natrium 569 mg

Zubereitungszeit: 40 Minuten
Für 6 Personen

Geröstete Tomaten

1 kg Kirschtomaten
2 EL Olivenöl
2 Knoblauchzehen
1 Hand voll Basilikumblätter, klein gehackt
Salz und frisch gemahlener schwarzer Pfeffer

1. Den Backofen auf 180 °C (Gas Stufe 2–3) vorheizen. Die Tomaten in eine feuerfeste Form schichten und mit dem Öl beträufeln. Den Knoblauch dazugeben. Kräftig salzen und pfeffern.

2. Die Tomaten im Ofen 35–40 Minuten rösten, bis sie weich sind und braun zu werden beginnen.

3. Die Tomaten auf einer Platte anrichten, mit dem Basilikum bestreuen und noch einmal vorsichtig wenden.

PRO PORTION:

- Kalorien 90
- Eiweiß 2 g
- Kohlenhydrate 7 g
  Ballaststoffe 2 g
- Gesamtfettmenge 6 g
  Gesättigte Fettsäuren 1 g
- Natrium 30 mg

SERVIERVORSCHLAG
Eine komplette Mahlzeit erhalten Sie, wenn Sie Nudeln dazu servieren.

Zubereitungszeit: 45 Minuten
Für 4 Personen

Gerösteter Fenchel

4 Fenchelknollen, geputzt und längs geviertelt
Saft und abgeriebene Schale von 2 Zitronen
2 EL Olivenöl
2 TL Kreuzkümmelsamen
Salz und frisch gemahlener schwarzer Pfeffer

1 Den Backofen auf 200 °C (Gas Stufe 3–4) vorheizen. Sämtliche Zutaten in einer feuerfesten Form (kein Metall!) vermischen. Mit Salz und Pfeffer abschmecken.

2 Den Fenchel 35–40 Minuten rösten, bis er goldbraun und weich ist.

PRO PORTION:

- Kalorien 45
- Eiweiß 1 g
- Kohlenhydrate 2 g
  Ballaststoffe 3 g
- Gesamtfettmenge 4 g
  Gesättigte Fettsäuren 0 g
- Natrium 11 mg

Zubereitungszeit: 50 Minuten
Für 6 Personen

Überbackene Auberginen

3 große Auberginen, in dicke Scheiben geschnitten
2 EL Olivenöl
750 g Tomaten aus der Dose, gehackt
1 Hand voll frisch gehackte gemischte Kräuter, z. B. Basilikum, Petersilie und Thymian
2 Knoblauchzehen, zerdrückt
Salz und frisch gemahlener schwarzer Pfeffer
150 g Mozzarella, klein gewürfelt
2 EL frisch geriebener Parmesan

1 Den Backofen auf 200 °C (Gas Stufe 3–4) vorheizen. Die Auberginen auf einem Backblech verteilen und mit etwas Öl bestreichen. Im Ofen 20 Minuten garen, bis die Scheiben braun werden.

2 Die Tomaten mit den Kräutern und dem Knoblauch 10 Minuten in einem kleinen Topf köcheln lassen, dann kräftig würzen.

3 Auberginen und Tomatensauce in eine feuerfeste Form füllen, so dass die Auberginen mit der Sauce bedeckt sind. Den Käse darüber streuen.

4 Die Auberginen im Ofen 25–30 Minuten goldbraun überbacken und sofort servieren.

✶ HAUPTZUTAT
Parmesan hat einen hohen Fettgehalt, wegen seines intensiven Geschmacks benötigen Sie nur wenig davon.

PRO PORTION:

- Kalorien 160
- Eiweiß 9 g
- Kohlenhydrate 5 g
  Ballaststoffe 4 g
- Gesamtfettmenge 12 g
  Gesättigte Fettsäuren 5 g
- Natrium 173 mg

SERVIERVORSCHLAG
Mit warmem, knusprigem Brot ergibt dieses Gericht eine sättigende Mahlzeit.

Zubereitungszeit: 1 Stunde
Für 4 Personen

Gegrillte Süsskartoffeln

625 g Süßkartoffeln, gewaschen
2 EL Olivenöl
Salz und frisch gemahlener schwarzer Pfeffer
2 EL frisch gehackter Koriander zum Garnieren

1. Die Kartoffeln etwa 20 Minuten in kochendem Wasser garen; sie sollten gar, aber noch fest sein. Dann abtropfen lassen.

2. Die Kartoffeln in etwa 1 cm dicke Scheiben schneiden, diese mit Olivenöl bestreichen und kräftig würzen. Die Kartoffeln auf beiden Seiten in 2–3 Minuten unter dem heißen Backofengrill goldbraun rösten. Auf einer vorgewärmten Platte mit dem Koriander anrichten.

PRO PORTION:

- Kalorien 185
- Eiweiß 2 g
- Kohlenhydrate 33 g
  Ballaststoffe 4 g
- Gesamtfettmenge 6 g
  Gesättigte Fettsäuren 1 g
- Natrium 62 mg

Zubereitungszeit: 35 Minuten
Für 4 Personen

Zucchini-Pilz-Auflauf

1 EL Olivenöl
2 Knoblauchzehen, zerdrückt
1 Zwiebel, in Ringe geschnitten
2 große Zucchini, in Scheiben geschnitten
200 g Champignons, geviertelt
1 Dose Tomaten (400 g), gehackt
2 EL Tomatenmark
1 TL gemischte, getrocknete Kräuter
Salz und frisch gemahlener schwarzer Pfeffer
60 g frische Vollkorn-Semmelbrösel
60 g reifer Cheddar, gerieben

1. Das Öl in einer beschichteten Pfanne erhitzen und Knoblauch, Zwiebeln und Zucchini darin 4–5 Minuten anbraten, bis das Gemüse weich und leicht angebräunt ist.

2. Die Champignons dazugeben und 2 Minuten mitbraten. Die Tomaten mit dem Saft, das Tomatenmark und die Kräuter hinzufügen und 5 Minuten köcheln lassen. Mit Salz und Pfeffer abschmecken.

3. Das Gemüse in eine feuerfeste Form füllen. Die Semmelbrösel mit dem Käse vermischen und darüber streuen.

4. Den Auflauf 1–2 Minuten unter dem heißen Backofengrill goldbraun überbacken.

✶ HAUPTZUTAT
Auf Grund ihrer Festigkeit und ihres angenehmen Geschmacks eignen sich Champignons gut für vegetarische Gerichte.

PRO PORTION:

- Kalorien 194
- Eiweiß 10 g
- Kohlenhydrate 20 g
  Ballaststoffe 4 g
- Gesamtfettmenge 9 g
  Gesättigte Fettsäuren 4 g
- Natrium 280 mg

TIPP
Wegen des nussigen Geschmacks und der groben Beschaffenheit eignen sich Vollkorn-Semmelbrösel besonders gut für die Kruste.

Zubereitungszeit: 25 Minuten
Für 4 Personen

Selleriepüree

2 große Kartoffeln, geschält und gehackt
375 g Knollensellerie, geschält und gehackt
150 g fettarme Milch
60 g Butter
1 Msp. geriebene Muskatnuss
Salz und frisch gemahlener schwarzer Pfeffer

1. Die Kartoffeln mit dem Sellerie 12–15 Minuten in kochendem Wasser garen, dann abtropfen lassen.

2. Die restlichen Zutaten mit einer Gabel unter die Kartoffeln und den Sellerie mengen und zu einem glatten Püree verarbeiten. Kräftig mit Salz und Pfeffer abschmecken und servieren.

PRO PORTION:

- Kalorien 219
- Eiweiß 4 g
- Kohlenhydrate 13 g
  Ballaststoffe 4 g
- Gesamtfettmenge 13 g
  Gesättigte Fettsäuren 9 g
- Natrium 225 mg

SERVIERVORSCHLAG
Diese feine Variante des Kartoffelpürees eignet sich besonders gut für eine Abendeinladung.

Zubereitungszeit: 25 Minuten
Für 4 Personen

Süßkartoffelpüree mit Koriander

1 kg Süßkartoffeln, geschält und gehackt
60 g Butter
1 Zwiebel, fein gehackt
1 TL gemahlener Koriander
1 EL schwarze Senfsamen
3 EL frisch gehackter Koriander
Salz und frisch gemahlener schwarzer Pfeffer

1. Die Kartoffeln 10–12 Minuten in kochendem Wasser weich garen, dann abtropfen lassen.

2. In der Zwischenzeit die Butter in einem kleinen Topf erhitzen. Die Zwiebeln darin 3–4 Minuten anbraten. Den gemahlenen Koriander und die Senfsamen dazugeben und 1 Minute mitbraten.

3. Die Kartoffeln zerdrücken, mit der Zwiebelmischung und dem frischen Koriander vermengen und kräftig abschmecken.

✶ HAUPTZUTAT
Korianderblätter können in der Küche wie Kerbel oder Petersilie verwendet werden. Die Samen sind als Gewürz beliebt. Beide sorgen für eine ganz besondere Note.

PRO PORTION:

- Kalorien 342
- Eiweiß 4 g
- Kohlenhydrate 56 g
  Ballaststoffe 6 g
- Gesamtfettmenge 13 g
  Gesättigte Fettsäuren 8 g
- Natrium 213 mg

Zubereitungszeit: 25 Minuten
Für 4 Personen

✶ **HAUPTZUTAT**
Da Sie für dieses Rezept lediglich 1 Esslöffel Marmelade benötigen, können Sie auch herkömmliche Marmelade verwenden.

PRO PORTION:

- Kalorien 72
- Eiweiß 2 g
- Kohlenhydrate 17 g
  Ballaststoffe 2 g
- Gesamtfettmenge 0 g
  Gesättigte Fettsäuren 0 g
- Natrium 5 mg

TIPP
Das Sorbet ist in der Gefriertruhe 3 Monate haltbar.

Zubereitungszeit: 15 Minuten
Für 4 Personen

BEERENSORBET

DIESES ERFRISCHENDE SORBET AUS TIEFGEKÜHLTEN BEEREN IST EINE WAHRE KÖSTLICHKEIT, DIE JEDES LECKERMÄULCHEN BEGEISTERN WIRD.

500 g tiefgekühlte Beerenmischung, z. B. Himbeeren, Heidelbeeren und Erdbeeren
Saft und abgeriebene Schale von 1 großen Orange
1 EL Himbeermarmelade
Minzezweige und frische Beeren zum Garnieren

1. Den Mixaufsatz der Küchenmaschine oder den Mixer für einige Minuten in den Kühlschrank stellen. Dann sämtliche Zutaten darin glatt pürieren.

2. Mit einem Eisportionierer Kugeln abstechen, diese mit frischen Minzezweigen garnieren und sofort mit frischen Beeren servieren.

VARIANTE
Statt der Beerenmischung können Sie auch nur Himbeeren, Brombeeren oder Erdbeeren verwenden. Zum Verfeinern nehmen Sie dann die entsprechende Marmelade.

DESSERTS

Obst ist ideal für kalte und warme Süßspeisen. Es ist nicht nur fettfrei, sondern ist auch reich an Antioxidantien, insbesondere Vitamin C. Die folgenden Rezepte enthalten eine reiche Auswahl heimischer und exotischer Früchte.

✶ HAUPTZUTAT
Der griechische Joghurt enthält zwar mehr Fett als herkömmlicher Naturjoghurt, ist aber fettärmer als Sahne, mit das der klassische Trifle zubereitet wird. Er ist reicher an Eiweiß und Kalzium.

PRO PORTION:

- Kalorien 287
- Eiweiß 8 g
- Kohlenhydrate 25 g
  Ballaststoffe 2 g
- Gesamtfettmenge 18 g
  Gesättigte Fettsäuren 8 g
- Natrium 129 mg

TIPP
Sie können dieses Dessert bereits am Vortag zubereiten und kalt stellen.

Zubereitungszeit: 20 Minuten
Für 8 Personen

Trifle mit exotischen Früchten und Amaretti

DIESE MODERNE VARIANTE DES KLASSISCHEN ENGLISCHEN TRIFLE SOLLTE BEI KEINER FESTLICHKEIT FEHLEN.

1 Dose Ananasstücke im eigenen Saft (425 g)
2 Kiwis, geschält und gehackt
1 Mango, geschält und gehackt
1 Stück eingelegter Ingwer, fein gehackt, plus 2 EL Sirup
200 g Amaretti, zerkrümelt
250 g Mascarpone
500 g griechischer Joghurt
2 EL Puderzucker
30 g geröstete Mandelblättchen zum Garnieren

1. Die Ananas abtropfen lassen und 3 Esslöffel Saft zurückbehalten. Die Ananas mit den übrigen Früchten, dem Saft, dem Ingwer und dem Sirup in einer Schüssel vermengen.
2. Die Amaretti über die Früchte streuen.
3. Den Mascarpone mit dem Joghurt und dem Puderzucker verrühren. Die Mascarpone-Joghurt-Mischung auf den Amaretti und den Früchten verteilen, glatt streichen und 30 Minuten kalt stellen.
4. Die Trifle vor dem Servieren mit den Mandeln garnieren.

Tiramisu

6 Löffelbiskuits, halbiert
6 EL starker schwarzer Kaffee
2 EL Marsala
200 g fettarmer Frischkäse
200 g Magerquark
2 EL Zucker
2 EL Kakaopulver
2 EL geriebene Schokolade

1. Die Löffelbiskuits auf 4 Dessertteller verteilen.
2. Den Kaffee mit 1 Esslöffel Marsala verrühren, die Biskuits damit übergießen und 5 Minuten ziehen lassen.
3. Den Käse und den Quark mit dem Zucker und dem restlichen Marsala verrühren. Etwas von der Masse auf den Biskuits verteilen und mit etwas Kakao bestäuben. Den Vorgang so lange wiederholen, bis die Käsemasse und der Kakao aufgebraucht sind. Den Abschluss sollte eine Kakaoschicht bilden.
4. Mit der Schokolade bestreuen und bis zum Servieren kalt stellen.

✶ HAUPTZUTAT
Durch die fettarmen Löffelbiskuits ist der Kaloriengehalt relativ niedrig.

PRO PORTION:
- ❍ Kalorien 177
- ❍ Eiweiß 9 g
- ❍ Kohlenhydrate 17 g
  Ballaststoffe 0 g
- ❍ Gesamtfettmenge 8 g
  Gesättigte Fettsäuren 5 g
- ❍ Natrium 28 mg

SERVIERVORSCHLAG
Sie können das Tiramisu auch in einer Schüssel zubereiten. Für 8–10 Personen benötigen Sie die doppelte Menge.

Zubereitungszeit: 15 Minuten
Zeit zum Ziehen: 5 Minuten
Für 4 Personen

Fruchtspiesse

3 frische Feigen, geviertelt
1 kleine Ananas, geschält, vom Strunk befreit und in Stücke geschnitten
2 Birnen, geschält, ohne Kerngehäuse in Stücke geschnitten
8 große Erdbeeren
Saft und abgeriebene Schale von 1 Orange
1 EL gemahlener Zimt
2 EL Honig

1. Die Früchte abwechselnd auf 8 Holzspieße stecken. Die Orangenschale und den Saft mit dem Zimt und dem Honig verrühren und die Spieße damit beträufeln.
2. Die Spieße 5–6 Minuten unter den heißen Backofengrill schieben und dabei von Zeit zu Zeit wenden und mit der Honigmischung begießen.

PRO PORTION:
- ❍ Kalorien 95
- ❍ Eiweiß 1 g
- ❍ Kohlenhydrate 23 g
  Ballaststoffe 3 g
- ❍ Gesamtfettmenge 0 g
  Gesättigte Fettsäuren 0 g
- ❍ Natrium 6 mg

SERVIERVORSCHLAG
Dazu passt hervorragend etwas Vanilleeis oder 1 Löffel griechischer Joghurt.

Zubereitungszeit: 20 Minuten
Für 4 Personen

Panna Cotta

✶ **HAUPTZUTAT**
Fettarmer Frischkäse eignet sich hervorragend als Sahneersatz in kalten Speisen.

PRO PORTION:

- ❍ Kalorien 275
- ❍ Eiweiß 4 g
- ❍ Kohlenhydrate 16 g
  Ballaststoffe 0 g
- ❍ Gesamtfettmenge 20 g
  Gesättigte Fettsäuren 12 g
- ❍ Natrium 137 mg

Zubereitungszeit: 15 Minuten
Abkühlzeit: 15 Minuten
Kühlzeit: 1–2 Stunden
Für 6 Personen

Foto rechts

250 g Mascarpone
75 g Zucker
1 TL Vanilleextrakt
200 g fettarmer Frischkäse
Saft und abgeriebene Schale von 1 Orange
1/2 Päckchen gemahlene Gelatine (3,5 g)
frische Beeren zum Garnieren

1. Mascarpone mit Zucker und Vanilleextrakt in einem Topf mit schwerem Boden erhitzen, bis sich der Zucker aufgelöst hat. Die Masse vom Herd nehmen und 15 Minuten abkühlen lassen.
2. Den Frischkäse untermengen.
3. Die Orangenschale und den -saft in eine kleine Schüssel geben und die Gelatine darin 2–3 Minuten quellen lassen. Die Schüssel auf einen Topf mit kochendem Wasser stellen, bis sich die Gelatine aufgelöst hat.
4. Die Gelatine unter den Mascarpone rühren. Die Masse auf 6 Förmchen verteilen und 1–2 Stunden kalt stellen, bis sie fest geworden ist.
5. Die Förmchen einige Sekunden in heißes Wasser tauchen, die Pana Cotta auf Dessertteller stürzen, mit Beeren garnieren und servieren.

Quarkpudding mit Bananen

PRO PORTION:

- ❍ Kalorien 119
- ❍ Eiweiß 1 g
- ❍ Kohlenhydrate 18 g
  Ballaststoffe 0 g
- ❍ Gesamtfettmenge 5 g
  Gesättigte Fettsäuren 3 g
- ❍ Natrium 17 mg

TIPP
Den Zitronenquark und die Zitronenschale können Sie auch durch Orangenquark und Orangenschale ersetzen.

Zubereitungszeit: 15 Minuten
Kühlzeit: 30 Minuten
Für 4 Personen

1 große Banane, in Scheiben geschnitten
200 g Schmand
2 EL Zitronenquark
abgeriebene Schale von 1 Zitrone
4 TL brauner Zucker

1. Die Bananenscheiben auf 4 feuerfeste Förmchen verteilen.
2. Schmand mit Zitronenquark und -schale verrühren. Die Masse auf den Bananen verteilen und die Förmchen 30 Minuten kalt stellen.
3. Mit Zucker bestreuen und die Förmchen 1–2 Minuten unter den heißen Backofengrill schieben, bis der Zucker karamelisiert ist. Die Förmchen kalt stellen, damit sich der Karamel abkühlt und fest wird.

Fruchtsabayon

750 g frische Aprikosen und Nektarinen, entkernt und in Scheiben geschnitten
3 Eigelbe
75 g Zucker
abgeriebene Schale von 1 Limone
200 ml trockener Weißwein
150 g Sahne

1. Die Früchte in einer flachen feuerfesten Form mit 1,8 Liter Fassungsvermögen verteilen.
2. Die Eigelbe mit dem Zucker in einer feuerfesten Schüssel auf einen Topf mit kochendem Wasser stellen und vorsichtig verschlagen.
3. Die Limonenschale und den Wein hinzufügen und alles 10 Minuten schlagen, bis eine helle, schaumige Masse entsteht. Dabei darauf achten, dass das Wasser stets kocht.
4. Die Schüssel vom Topf nehmen und die Sahne unterschlagen.
5. Die Masse über die Früchte gießen und die Form 2–3 Minuten unter den heißen Backofengrill schieben, bis die Sabayon eine goldbraune Kruste hat.

✶ **HAUPTZUTAT**
Nektarinen und Pfirsiche haben einen ähnlichen Kohlenhydratgehalt wie Äpfel.

PRO PORTION:
- Kalorien 173
- Eiweiß 3 g
- Kohlenhydrate 26 g
  Ballaststoffe 2 g
- Gesamtfettmenge 5 g
  Gesättigte Fettsäuren 3 g
- Natrium 13 mg

TIPP
Sie können auch tiefgekühlte Früchte verwenden. Bei Dosen darauf achten, dass die Früchte nicht in Sirup, sondern im eigenen Saft eingelegt sind.

Zubereitungszeit: 20 Minuten
Für 6 Personen

Pflaumenauflauf

500 g Pflaumen, entkernt und geviertelt
100 g Mehl
75 g ungesalzene Butter
75 g brauner Zucker
75 g Haferflocken
1 TL gemahlene Gewürzmischung oder Zimtpulver

1. Den Backofen auf 200 °C (Gas Stufe 3–4) vorheizen. Die Pflaumen in eine feuerfeste Form geben.
2. Die Butter unter das Mehl kneten, bis ein feinkrümeliger Teig entsteht. Zucker, Haferflocken und die Gewürzmischung untermengen. Den Teig auf den Pflaumen verteilen und etwas andrücken.
3. Den Auflauf im Ofen in 30–35 Minuten goldbraun backen. Mit etwas Eis oder Joghurt servieren.

PRO PORTION:
- Kalorien 278
- Eiweiß 4 g
- Kohlenhydrate 43 g
  Ballaststoffe 3 g
- Gesamtfettmenge 11 g
  Gesättigte Fettsäuren 7 g
- Natrium 100 mg

TIPP
Damit der Teig knuspriger wird, ersetzen Sie die Haferflocken durch eine Müslimischung.

Zubereitungszeit: 40–45 Minuten
Für 6 Personen

Biskuitpudding mit Aprikosen

DIESER FRUCHTIGE PUDDING IST EINFACH ZUZUBEREITEN UND SCHMECKT AUSGESPROCHEN KÖSTLICH. WAS WILL MAN VON EINEM DESSERT MEHR VERLANGEN?

250 g getrocknete Aprikosen, gehackt
Saft und abgeriebene Schale von 1 Orange
3 EL Wasser
100 g Margarine
75 g brauner Zucker
2 Eier, verquirlt
180 g Mehl
1 TL Backpulver
1 TL gemahlene Gewürzmischung oder Zimtpulver
2 EL Zuckersirup

1. Die Aprikosen mit der Orangenschale, dem Saft und dem Wasser in einem kleinen Topf zum Kochen bringen. Die Früchte bei schwacher Hitze 5 Minuten köcheln lassen, bis sie die Flüssigkeit aufgesogen haben.

2. Für den Teig die Margarine mit dem Zucker, den Eiern, dem Mehl und der Gewürzmischung zu einer luftigen Masse verrühren.

3. Den Sirup unter die Aprikosen rühren. Die Früchte in eine leicht gefettete Puddingform mit 1,5 Litern Fassungsvermögen füllen. Den Teig darauf verteilen und glatt streichen. Die Form mit Backpapier abdecken. Das Papier mit Küchengarn festbinden.

4. Die Form in einen Topf mit kochendem Wasser stellen (das Wasser sollte dabei bis zur halben Höhe der Form reichen) oder den Pudding im Dampfkochtopf garen. Den Topf zudecken und den Pudding 1 1/2 Stunden garen. Eventuell kochendes Wasser nachfüllen.

5. Den Pudding mit etwas Vanillesauce oder Eis servieren.

✶ HAUPTZUTAT
Da Sie für die meisten Rezepte nur geringe Zuckermengen benötigen, brauchen Sie nicht auf andere Süßungsmittel zurückgreifen (*siehe Seite 24*).

PRO PORTION:

- Kalorien 394
- Eiweiß 7 g
- Kohlenhydrate 58 g
  Ballaststoffe 4 g
- Gesamtfettmenge 16 g
  Gesättigte Fettsäuren 4 g
- Natrium 1774 mg

TIPP
Um die Garzeit zu verkürzen, können Sie den Pudding auch im geöffneten Topf 7–8 Minuten auf höchster Stufe in der Mikrowelle garen. Vor dem Servieren 5 Minuten abkühlen lassen.

Zubereitungszeit: 2 Stunden
Für 6 Personen

Käsekuchen St. Clement

DIES IST EINE FETTARME VARIANTE DES BELIEBTEN KLASSIKERS. MIT EINER AUFWÄNDIGEN DEKORATION WIE DER HIER VORGESTELLTEN KÖNNEN SIE DARAUS EIN HERRLICHES DESSERT FÜR FESTLICHE GELEGENHEITEN ZUBEREITEN.

✶ HAUPTZUTAT
Trockenfrüchte, zum Beispiel getrocknete Aprikosen, sind reich an Ballaststoffen und Antioxidantien wie Beta-Karotin.

PRO STÜCK:

- Kalorien 246
- Eiweiß 10 g
- Kohlenhydrate 33 g
  Ballaststoffe 1 g
- Gesamtfettmenge 9 g
  Gesättigte Fettsäuren 5 g
- Natrium 146 mg

SERVIERVORSCHLAG
Sie können die Orangen- und Zitronenspalten und die Schalen auch mit etwas Zucker bestreuen und den Zucker einige Minuten unter dem Backofengrill karamelisieren lassen.

Zubereitungszeit: 1 1/4 Stunden
Zeit zum Abkühlen: 1 Stunde
Kühlzeit: 2 Stunden
Ergibt 10 Stücke

60 g Butter
180 g Ingwerkekse, zerkrümelt
500 g Quark
125 g Zucker
2 Eier
Saft und abgeriebene Schale von 2 Orangen
Saft und abgeriebene Schale von 2 Zitronen
100 g getrocknete Aprikosen, gehackt

Zum Verzieren
blanchierte Orangen- und Zitronenspalten
blanchierte Orangen- und Zitronenschalen, in Streifen geschnitten
Puderzucker zum Bestäuben

1. Den Backofen auf 150 °C (Gas Stufe 1–2) vorheizen. Eine beschichtete Springform (Ø 20 cm) leicht einfetten.
2. Die Butter in einem Topf zerlassen, die zerkrümelten Kekse einstreuen und umrühren. Die Masse auf dem Boden der Form verteilen und bis zur Hälfte einen Rand hochziehen. Den Teig 10 Minuten vorbacken.
3. Den Quark mit dem Zucker, den Eiern, der Orangen- und Zitronenschale und dem Saft glatt verrühren. Die Aprikosen untermischen.
4. Die Masse auf dem Teig verteilen. Den Kuchen im Ofen weitere 40 Minuten backen. Herausnehmen und 1 Stunde auskühlen lassen.
5. Den Kuchen vor dem Servieren 2 Stunden in den Kühlschrank stellen. Mit den Orangen- und Zitronenspalten und den Schalen verzieren und mit Puderzucker bestäuben.

Tomaten-Rosmarin-Brot

750 g grobes Mehl
1 Prise Salz
1 Prise Zucker
1/2 EL frisch gehackter Rosmarin
8 in Öl eingelegte getrocknete Tomaten, abgetropft und gehackt
1 Päckchen Trockenhefe
1 EL Olivenöl
450 ml warmes Wasser
Milch zum Bestreichen

1. Das Mehl mit Salz und Zucker in eine große Schüssel sieben. Den Rosmarin, die Tomaten und die Hefe untermengen und in die Mitte eine Mulde drücken. Das Öl mit dem Wasser verrühren, in die Mulde geben und alles rasch zu einem glatten Teig verarbeiten.

2. Den Teig etwa 6 Minuten auf der leicht bemehlten Arbeitsfläche durchkneten, bis er glatt und elastisch ist. Den Teig in eine mit etwas Öl eingefettete Schüssel legen, mit einem feuchten Geschirrtuch abdecken und 1 Stunde gehen lassen, bis er sein Volumen verdoppelt hat.

3. Den Backofen auf 220 °C (Gas Stufe 4–5) vorheizen. Den Teig noch einmal 3 Minuten durchkneten und in 2 Portionen teilen. Zwei längliche Laibe daraus formen und diese oben zweimal kreuzweise einritzen. Die Brotlaibe auf ein leicht bemehltes Backblech legen, abdecken und 20 Minuten gehen lassen, bis sie ihr Volumen verdoppelt haben.

4. Mit etwas Milch bestreichen und 35 Minuten backen. Mit der Faust auf die Unterseite klopfen. Klingt es hohl, ist das Brot fertig. Dann auf einem Gitter auskühlen lassen.

✶ HAUPTZUTAT
Getrocknete Tomaten sind reich an Antioxidantien, enthalten allerdings nur wenig Vitamin C. Sind sie in Päckchen abgepackt und nicht in Öl eingelegt, müssen sie vor der Weiterverarbeitung erst 20–30 Minuten eingeweicht werden.

PRO REZEPT:

- Kalorien 2904
- Eiweiß 88 g
- Kohlenhydrate 567 g
  Ballaststoffe 23 g
- Gesamtfettmenge 47 g
  Gesättigte Fettsäuren 6 g
- Natrium 522 mg

SERVIERVORSCHLAG
Warm schmeckt das Brot besonders gut. Reichen Sie es zu einer der im ersten Kapitel vorgestellten Suppen als leichtes Mittagessen oder kleine Zwischenmahlzeit.

Zubereitungszeit: 55 Minuten
Gehzeit: 1 Stunde 20 Minuten
Ergibt 2 Laibe

GEBÄCK

Gebäck enthält Zucker oder Zutaten mit hohem Fettgehalt, die Sie, falls Sie übergewichtig sind, beschränken sollten. Diese Rezepte zeigen, wie Sie diese Zutaten reduzieren und den Ballaststoffgehalt ohne Geschmacksverluste erhöhen können.

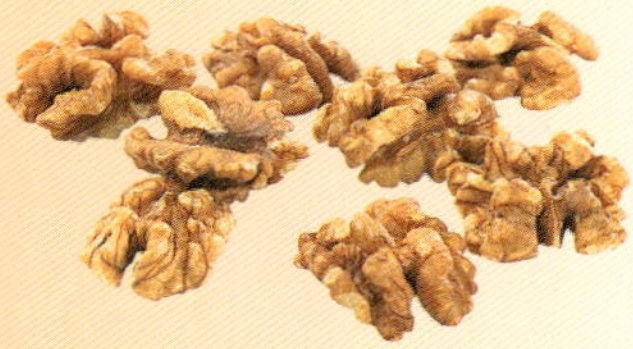

✶ HAUPTZUTAT
Walnüsse enthalten mehrfach ungesättigte Omega-3-Fettsäuren (*siehe Seite 18–19*), die Herz-Kreislauf-Erkrankungen und Blutgerinnseln vorbeugen.

PRO REZEPT:

- ❍ Kalorien 3380
- ❍ Eiweiß 93 g
- ❍ Kohlenhydrate 445 g
  Ballaststoffe 43 g
- ❍ Gesamtfettmenge 149 g
  Gesättigte Fettsäuren 13 g
- ❍ Natrium 35 mg

TIPP
Aus der angegebenen Zutatenmenge können Sie auch 2 Brotlaibe herstellen. Füllen Sie die Form nur zur Hälfte mit Teig und formen Sie den Rest zu einem Laib, den Sie ohne Form backen. Die Backzeit verringert sich dann um 10 Minuten.

Zubereitungszeit: 1 Stunde 5 Minuten–1 Stunde 10 Minuten
Gehzeit: 2 1/4 Stunden
Ergibt 1 Laib à 1 kg

WALNUSSBROT

300 g grobes Vollkornmehl
300 g Mehl
1 TL Salz
1 Päckchen Trockenhefe
1 EL brauner Zucker
180 g Walnusskerne
1 EL Walnussöl
400 ml lauwarmes Wasser

1. Eine Kastenform mit 1 kg Fassungsvermögen leicht einfetten und mit Backpapier auskleiden.

2. Das Mehl und das Salz in eine große Schüssel sieben, Hefe, Zucker und Walnüsse untermischen und in die Mitte eine Mulde drücken. Das Öl mit dem Wasser verrühren, in die Mulde geben und alles zu einem weichen Teig verarbeiten (*siehe unten, Schritt 1*).

3. Den Teig auf der bemehlten Arbeitsfläche 5 Minuten durchkneten (*siehe unten, Schritt 2*). In eine leicht mit Öl eingefettete Schüssel legen, abdecken und 1 1/2–2 Stunden an einem warmen Ort gehen lassen.

4. Den Teig 3 Minuten kneten, zu einem Laib formen und diesen in die Form geben. Nochmals 45 Minuten gehen lassen. Den Backofen auf 200 °C (Gas Stufe 3–4) vorheizen.

5. Das Brot 45–50 Minuten backen, aus der Form stürzen und 5 Minuten in den Ofen geben, dann auf einem Gitter auskühlen lassen.

BROTTEIG HERSTELLEN UND KNETEN

1 Das Öl-Wasser-Gemisch mit einem Messer mit den restlichen Zutaten vermengen, dann mit den Händen zu einer glatten Teigkugel formen.

2 Den Teig beim Kneten mit dem Handballen vom Körper wegdrücken und ihn dabei gleichzeitig mit der anderen Hand drehen.

Brot mit Sonnenblumenkernen, Käse und Kräutern

DIESES SCHNELL GEBACKENE BROT PASST BESONDERS GUT ZU VORSPEISEN UND HAUPTGERICHTEN, DIE KEINE KOHLENHYDRATE ENTHALTEN.

100 g Mehl
100 g Vollkornmehl
1/2 TL doppeltkohlensaures Natron
1/2 TL Weinstein
1/2 TL Senfpulver
60 g Margarine
4 EL frisch gehackte Petersilie
100 g reifer Cheddar, gerieben
5 Frühlingszwiebeln, in Ringe geschnitten
60 g geröstete Sonnenblumenkerne
1 Ei, verquirlt
150 ml fettarme Milch

1. Den Backofen auf 200 °C (Gas Stufe 3–4) vorheizen. Eine Kastenform mit 1 kg Fassungsvermögen leicht einfetten.

2. Das Mehl in einer großen Schüssel mit dem Natron, dem Weinstein und dem Senfpulver vermengen. Die Margarine unterkneten, bis ein feinkrümeliger Teig entsteht. Die Petersilie, den Käse, die Frühlingszwiebeln und die Sonnenblumenkerne untermischen.

3. Das Ei mit der Milch verquirlen, über den Teig gießen und alles zu einem glatten Teig verarbeiten.

4. Den Teig in die Form füllen und 35–40 Minuten backen. Das Brot in der Mitte mit einem Spieß einstechen. Bleibt er sauber, ist das Brot fertig.

5. Das Brot einige Minuten in der Form abkühlen lassen, dann auf ein Gitter stürzen. Warm schmeckt das Brot besonders gut.

✶ HAUPTZUTAT
Sonnenblumenkerne sind reich an Eisen, Zink und Vitamin E.

PRO REZEPT:

- Kalorien 2000
- Eiweiß 73 g
- Kohlenhydrate 161 g
  Ballaststoffe 16 g
- Gesamtfettmenge 122 g
  Gesättigte Fettsäuren 37 g
- Natrium 1294 mg

TIPP
Verwenden Sie für dieses Brot am besten Käse mit intensivem Geschmack. Statt Cheddar eignet sich beispielsweise auch Parmesan.

Zubereitungszeit: 55–65 Minuten
Ergibt 1 Laib à 1 kg

Maismehlzöpfe

375 g Maismehl
500 g grobes Mehl
60 g brauner Zucker
2 Päckchen Trockenhefe
1 Prise Salz
60 g Butter, in Stücken geschnitten
375 ml warme fettarme Milch

1. Das Maismehl bis auf 1 Esslöffel mit dem Mehl, Zucker, Hefe und Salz vermengen. Die Butter unterkneten, bis ein feinkrümeliger Teig entsteht. Mit Milch zu einem weichen Teig verarbeiten.
2. Den Teig 5 Minuten auf der bemehlten Arbeitsfläche kneten.
3. Den Teig in 6 Portionen aufteilen und daraus 30 cm lange Stränge formen. 3 Stränge zu einem Zopf flechten (*siehe Abbildung unten*). Mit den restlichen 3 Strängen ebenso verfahren.
4. Die Zöpfe auf ein leicht bemehltes Backblech legen, mit einem feuchten Tuch abdecken und 1 1/2 Stunden an einem warmen Ort gehen lassen. Den Backofen auf 230 °C (Gas Stufe 5) vorheizen.
5. Die Zöpfe mit Wasser bepinseln, mit dem restlichen Maismehl bestäuben und 15 Minuten backen. Dann bei 190 °C (Gas Stufe 3) weitere 15 Minuten backen. Die Zöpfe auf einem Gitter auskühlen lassen.

✶ HAUPTZUTAT
Maismehl, auch Polenta genannt, ist ein glutenfreies Mehl, das aus Maiskörnern hergestellt wird. Mit Weizenmehl gemischt, erhalten Sie ein grobes Brot mit leicht süßlichem Geschmack.

PRO REZEPT:
- Kalorien 3868
- Eiweiß 105 g
- Kohlenhydrate 730 g
  Ballaststoffe 23 g
- Gesamtfettmenge 68 g
  Gesättigte Fettsäuren 34 g
- Natrium 686 mg

SERVIERVORSCHLAG
Diese Maismehlzöpfe schmecken am besten frisch. Sie können sie aber auch bis zu 3 Monate einfrieren.

Zubereitungszeit: 55 Minuten
Gehzeit: 1 1/2 Stunden
Für 2 x 6 Personen

TEIGZÖPFE FLECHTEN

1 Die Stränge nebeneinander legen und von der Mitte aus zunächst in einer Richtung flechten. Den Teig dann herumdrehen und die zweite Hälfte flechten.

2 Die Enden mit den Händen flach drücken und jedes Ende unter dem Zopf einschlagen.

Saftiges Früchtebrot

✶ HAUPTZUTAT
Trockenfrüchte sind reich an Ballaststoffen, Vitaminen und Mineralstoffen wie Eisen.

PRO REZEPT:

- ❍ Kalorien 2829
- ❍ Eiweiß 46 g
- ❍ Kohlenhydrate 616 g
  Ballaststoffe 29 g
- ❍ Gesamtfettmenge 37 g
  Gesättigte Fettsäuren 19 g
- ❍ Natrium 510 mg

SERVIERVORSCHLAG
Obwohl es nur wenig Fett enthält, ist das Früchtebrot besonders saftig. Deshalb sollten Sie darauf verzichten, es noch mit Butter zu bestreichen.

Zubereitungszeit: 1 3/4 Stunden
Einweichzeit: über Nacht
Ergibt 1 Laib à 1 kg

DIESES FETTARME, WUNDERBAR SAFTIGE FRÜCHTEBROT IST IDEAL FÜR DIE GANZE FAMILIE. SERVIEREN SIE ES ZUM TEE ODER KAFFEE ODER MIT EINEM GLAS MILCH ALS KLEINE ZWISCHENMAHLZEIT IHREN KINDERN.

180 ml starker, kalter Tee
500 g gemischte Trockenfrüchte, z. B. Rosinen, gehackte Aprikosen und Sultaninen
150 g Zucker
1 Ei, verquirlt
30 g zerlassene Butter
250 g Mehl
1 TL doppeltkohlensaures Natron

1. Den Tee in einer großen Schüssel mit den Früchten und dem Zucker verrühren. Abdecken und die Früchte über Nacht ziehen lassen.

2. Am folgenden Tag eine Kastenform mit 1 kg Fassungsvermögen leicht einfetten und mit Backpapier auskleiden. Den Backofen auf 180 °C (Gas Stufe 2–3) vorheizen.

3. Die restlichen Zutaten mit den Früchten vermengen. Die Mischung in die Form füllen und 1 1/2 Stunden backen. Das Früchtebrot am Ende der Backzeit in der Mitte mit einem Spieß einstechen. Es ist fertig, wenn er sauber bleibt.

4. Das Früchtebrot 10 Minuten in der Form abkühlen lassen, dann auf ein Gitter stürzen und vollständig auskühlen lassen.

Bananenmuffins mit Honig

250 g Mehl
75 g Haferflocken
1 EL Backpulver
1/2 TL geriebene Muskatnuss
2 mittelgroße Bananen, zerdrückt
1 Ei, verquirlt
75 g zerlassene Butter
30 g Farinzucker
175 ml Buttermilch
3 EL Honig

1. Den Backofen auf 200 °C (Gas Stufe 3–4) vorheizen. Eine Muffinform mit 12 Vertiefungen leicht einfetten und mit Mehl bestäuben.
2. Das Mehl in einer großen Schüssel mit den Haferflocken, dem Backpulver und der Muskatnuss vermengen.
3. Die restlichen Zutaten ebenfalls vermischen und vorsichtig mit einem Löffel unter das Mehl heben.
4. Den Teig in die Muffinförmchen geben und die Muffins 20 Minuten backen, bis die Muffins aufgegangen und goldgelb sind. Die Muffins 10 Minuten in der Form abkühlen lassen, dann servieren.

PRO MUFFIN:

- Kalorien 190
- Eiweiß 4 g
- Kohlenhydrate 31 g
  Ballaststoffe 1 g
- Gesamtfettmenge 7 g
- Gesättigte Fettsäuren 4 g
- Natrium 66 mg

TIPP
Sie können den Teig auch in Muffinförmchen aus Papier füllen und diese zum Backen in eine ungefettete Muffinform setzen.

Zubereitungszeit: 30 Minuten
Ergibt 12 Stück

Foto rechts

Mini-Muffins mit weißer Schokolade und Pekannüssen

250 g Mehl
2 TL Backpulver
1/2 TL doppeltkohlensaures Natron
150 g weiße Schokolade, gehackt
100 g Pekannüsse, gehackt
1 TL Vanilleextrakt
2 Eier, verquirlt
275 ml Buttermilch
60 g brauner Zucker
75 g zerlassene Butter

1. Den Backofen auf 200 °C (Gas Stufe 3–4) vorheizen. 3 Muffinformen mit je 12 kleinen Vertiefungen leicht einfetten und mit Mehl bestäuben. Sie können die Muffins auch nacheinander backen.
2. Das Mehl mit dem Backpulver und dem Natron in eine große Schüssel sieben. Die Schokolade und die Nüsse untermischen. Die restlichen Zutaten ebenfalls vermischen und rasch unter das Mehl heben.
3. Den Teig in die Förmchen füllen und 12–15 Minuten backen, bis die Muffins aufgegangen und goldbraun sind. Die Muffins 10 Minuten in der Form abkühlen lassen, dann servieren.

PRO MUFFIN:

- Kalorien 87
- Eiweiß 2 g
- Kohlenhydrate 10 g
  Ballaststoffe 0 g
- Gesamtfettmenge 5 g
  Gesättigte Fettsäuren 2 g
- Natrium 28 mg

TIPP
Die weiße Schokolade können Sie auch durch braune Schokolade ersetzen.

Zubereitungszeit: 25 Minuten
Ergibt 36 Stück

Schokoladen-Brownies

DIESE FETTARME VARIANTE DES SO ÜBERAUS BELIEBTEN GEBÄCKS STEHT DEM KLASSIKER IM GESCHMACK IN NICHTS NACH.

250 g Schokolade, in Stücke gebrochen
75 g Datteln, entsteint
6 EL Wasser
1 EL Backpulver
1/2 TL doppeltkohlensaures Natron
75 g brauner Zucker
1 Ei, verquirlt
150 g Mehl
3 EL fettarme Milch
60 g Pekannüsse oder Walnüsse

1. Den Backofen auf 180 °C (Gas Stufe 2–3) vorheizen. Eine flache, 17 x 27 cm große Backform einfetten und mit Backpapier auslegen.
2. Die Schokolade in eine feuerfeste Schüssel geben und über einem Topf mit kochendem Wasser schmelzen lassen.
3. Die Datteln mit dem Wasser in einen kleinen Topf geben und zu einem Brei einkochen lassen.
4. Die geschmolzene Schokolade und das Dattelpüree in einer großen Schüssel mit den restlichen Zutaten vermengen. Den Teig in die Form füllen und glatt streichen.
5. Den Teig 25–30 Minuten backen, bis er sich fest anfühlt. In 16 Quadrate teilen und in der Form auskühlen lassen.

✶ HAUPTZUTAT
Die Pekannuss ist zwar etwas süßer als die Walnuss, eignet sich aber gut als Ersatz. Beide Sorten sind reich an mehrfach ungesättigten Fettsäuren, Eiweiß und Ballaststoffen.

PRO BROWNIE:

- Kalorien 171
- Eiweiß 3 g
- Kohlenhydrate 25 g
  Ballaststoffe 1 g
- Gesamtfettmenge 7 g
  Gesättigte Fettsäuren 3 g
- Natrium 42 mg

TIPP
Das Dattelpüree ersetzt hier einen Teil des Fettes, das bei der klassischen Zubereitung verwendet wird.

Zubereitungszeit: 40–45 Minuten
Ergibt 16 Stück

Erdnuss-Cookies

IHRE KINDER WERDEN BEGEISTERT SEIN, WENN SIE IHNEN DIESE COOKIES ALS PAUSENSNACK MITGEBEN. DIE KOMBINATION AUS ERDNÜSSEN UND SCHOKOLADE IST EINFACH UNWIDERSTEHLICH!

200 g Mehl
1/2 TL doppeltkohlensaures Natron
100 g Butter
75 g Farinzucker
75 g ungesalzene Erdnüsse, grob gehackt
60 g Schokoladenglasur, gehackt
1 Ei
1 TL Vanilleextrakt

1. Den Backofen auf 180 °C (Gas Stufe 2–3) vorheizen.
2. Das Mehl mit dem Natron in eine große Schüssel sieben. Die Butter unterkneten, bis ein feinkrümeliger Teig entsteht. Den Zucker, die Nüsse und die Schokolade untermengen.
3. Das Ei mit dem Vanilleextrakt verquirlen und unter die Masse rühren, bis ein fester Teig entsteht.
4. Mit einem Löffel 24 Portionen von dem Teig abstechen, die Häufchen auf ein bemehltes Backblech setzen und mit einem Gabelrücken andrücken. Die Cookies im Ofen in 10–12 Minuten goldbraun backen. Dann auf einem Gitter auskühlen lassen.

✶ HAUPTZUTAT
Ungesalzene Erdnüsse bekommen Sie mit oder ohne Schalen. Sollten Sie abgepackte ungeschälte Nüsse kaufen, achten Sie stets auf das Verfallsdatum, denn Erdnüsse büßen relativ rasch ihren Geschmack ein.

PRO COOKIE:

- Kalorien 103
- Eiweiß 2 g
- Kohlenhydrate 12 g
  Ballaststoffe 0 g
- Gesamtfettmenge 5 g
  Gesättigte Fettsäuren 3 g
- Natrium 40 mg

Zubereitungszeit: 20 Minuten
Ergibt 24 Stück

SACH- UND REZEPTREGISTER

Die **fett** gedruckten Seitenzahlen weisen auf Rezeptfotos und die mit einem Stern (*) auf eine Hauptzutat, die erläutert wird.

Sachregister

Z

Rezeptregister

A

B

C

D

E

F

G

Hilfreiche Adressen

Deutscher Diabetiker-Bund e.V.
Danziger Weg 1
58511 Lüdenscheid

Tel.: 0 23 51/98 91 53
Fax: 0 23 51/98 91 50

Internet:
www.diabetikerbund.de

Deutsche Diabetes-Union
Drosselweg 16
82152 Krailling

Tel.: 0 89/8 57 12 49
Fax: 0 89/8 57 64 88

Internet:
www.diabetes-union.de

Deutsche Diabetes-Gesellschaft
Universitätsklinik
Bergmannsheil
Bürkle-de-la-Camp-Platz 1
44789 Bochum

Tel. 02 34/3 02 64 29

Internet:
www.deutsche-diabetes-gesellschaft.de

Bund diabetischer Kinder und Jugendlicher
Hahnbrunner Stra§e 46
67659 Kaiserslautern

Tel.: 06 31/7 64 88
Fax: 06 31/9 72 22

Deutsche Diabetes-Stiftung Stiftung zur Bekämpfung der Zuckerkrankheit
Unsöldstraße 5
80538 München

Tel.: 0 89/21 09 61 19
Fax: 0 89/21 09 61 20

Internet:
www.diabetesstiftung.de

Initiativgruppe zur Früherkennung diabetischer Augenerkrankungen (IFdA)
Robert-Koch-Str. 4
35033 Marburg

Insuliner-Verlag
Ansprechpartner: Anneliese Kuhn-Prinz
Narzissenweg 17
57485 Kirchen-Freusburg

Tel.: 0 27 41/93 00 40
Fax: 0 27 41/93 00 41

Internet:
www.diabetes-forum.com/insuliner/welcome.htm

Diabetes Austria
Vinzenzgasse 13
Top 12
A-1180 Wien
Tel.: 0043/1/470 53 86

Internet:
www.diabetes-austria.com

Schweizerische Diabetes-Gesellschaft
Forchstr. 95
CH-8032 Zürich
Tel.: 0041/1/383 13 15

Internet:
www.diabete.ch

Dank

Für ihre Mitarbeit und Anregungen bei der redaktionellen Barbeitung dieses Buches dankt Diabetes UK Norma McGough und Claire Lemon. Besonderer Dank gilt Louise Tyler für das Schreiben der Rezepte und der Nährwertberechnungen.

Dorling Kindersley dankt Claire Hunt für das Food-Styling sowie Steve Gorton für das Foto auf Seite 11; ferner dem Foto-assistenten Christopher Morris und Sue Bosanko für die Erstellung des Registers. Das Material für den Body-Mass-Index auf Seite 12 und das Lebensmitteletikett auf Seite 20 stammt aus dem Bildarchiv von Diabetes UK.